日本の著作権はなぜもっと厳しくなるのか

Yamada Shoji
山田奨治

人文書院

目次

序章

著作権法は、一国の文化活動のあり方に大きな影響を与える。その基本的な考え方は、作品の権利を保護しつつ、著作物利用の利便性とバランスさせることで、文化の発展に資することにある。したがって、保護を強くしすぎても、利用の自由度を高くしすぎてもいけない。時代の変化に合わせてそのバランス点を探ることが、法律を整えるうえでの重要な観点になる。

一九九〇年代以後にデジタル環境が急速に進歩し、作品の創作・流通・受容が著しく変化した。とりわけ、九五年のＷｉｎｄｏｗｓ95発売を画期とする、パソコンと各種ソフトウェアの高性能化・ネットワーク化によって、デジタル・コンテンツを受容しながら生産・発信する「プロシュ－マ－」が大量に出現した。彼らが創り出す作品は、「ユ－ザ－生成コンテンツ」（ＵＧＣ）と呼ばれている。ＵＧＣは、ネット経由で提供されることが主流になり、そうした無料コンテンツを楽しむことが、若年層の娯楽として定着した。

代表的なUGCに、マンガ・アニメの模写や二次創作、パロディ的なコラージュ作品を意味する「クソコラ」、既存の映像・音楽作品をリミックスした「MAD動画」、人気楽曲を自分で歌いあるいはそれに合わせて踊る動画の「歌ってみた／踊ってみた」、社会現象となっているボーカロイド「初音ミク」を使った作品などがあげられる。もちろん、これらは著作権をクリアした分野もあるため、すべてに問題があるわけではない。しかし、UGCを作るユーザーの多くは、著作権をさほど意識することなく作品を制作・公開している。法を厳格化して手足を縛るようなことに対しては、UGCの世界には拒否反応がある。

しかし一方で、ときに行きすぎた遵法意識から、権利侵害が疑われる作品をみつけだしては、それをネット上で徹底的に糾弾するひとびとも登場している。いまでは、ありとあらゆる身近な文化活動の場面で、著作権を意識しなければならなくなっている。

最初に、著作権法の変化の概要を把握しておきたい。現行法が施行された一九七一年から二〇一五年までのあいだの、総文字数の概数をグラフにしたものが図1である。総文字数はこの四十四年間でおよそ二・三倍に膨れ上がっている。とりわけ一九九二年以後の増加はすさまじく、いまや著作権法の改正は、日本の「年中行事」になっている。日本の主要な法律のなかで、これほど頻繁に改正されているものは、ほかにあるだろうか。

その改正の中身は、ほとんどの場合、違法となる事柄の追加、罰則の強化など権利者側に配慮したものだ。著作物ユーザーの利便性のための改正は、二〇一〇年一月施行改正で実現した障が

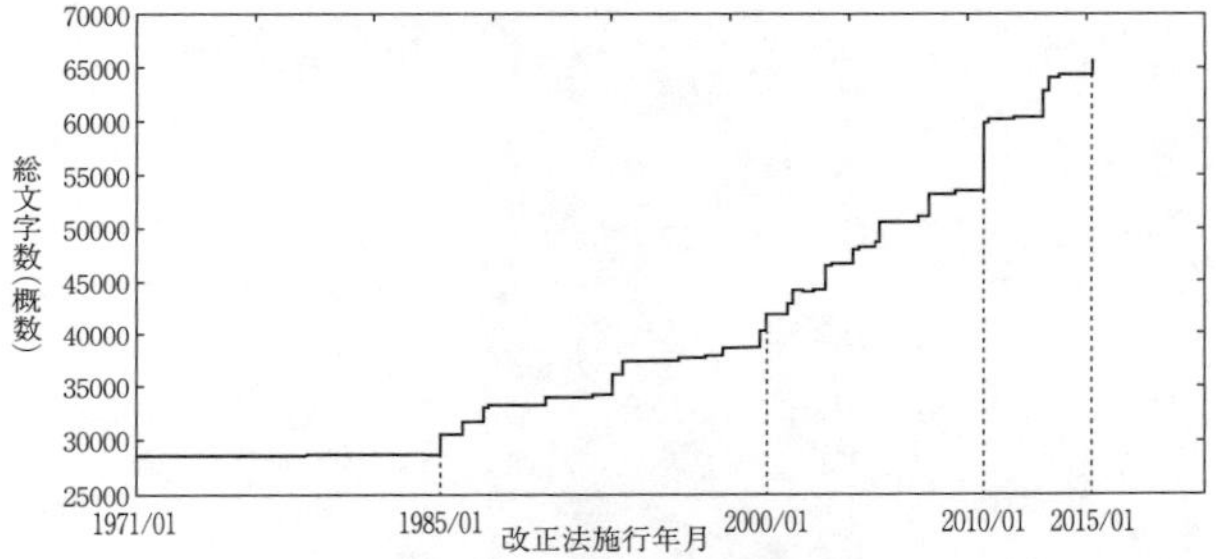

図１　著作権法の総文字数の変化（概数）[1]

い者の情報アクセスのための規定や国立国会図書館に限定された規制緩和など、ごく限られている。

厳罰化の推移をみてみよう。現在の著作権法が施行された一九七一年には、個人に対しては「三年以下の懲役又は三十万円以下の罰金」、法人に対しては「三十万円以下の罰金」であった。一九八五年には罰金が個人・法人とも百万円以下に、九七年には三百万円以下になった。

二〇〇一年には法人に対しては一億円以下になり、〇五年には個人に対しては「五年以下の懲役若しくは五百万円以下の罰金に処し、又はこれを併科する」となった。法人に対する罰金はおなじ年に一億五千万円以下に引き上げられた。そして〇七年には個人に対しては「十年以下の懲役若しくは千万円以下の罰金に処し、又はこれを併科する」、法人に対しては「三億円以下の罰金」という現在の規定になった。[2]

著作権法の規定のもっとも複雑化した部分としては、「私的

（1）貞廣知行が公開している条文履歴より作成。http://nomenclator.la.coocan.jp/ip/c.htm

使用のための複製」を定めた第三十条をあげることができる。第三十条は、ユーザーの利便性のために著作権を制限する規定の一部で、著作物の保護と利用をバランスさせるための極めて重要な条文だ。しかも、個人的なものや家庭内での複製について定めていることから、国民の日常生活と密接な関わりがある。

第三十条には、たいへん大事なことが書かれてある。本の一部をメモ代わりにコピーしてもよいこと、音楽ＣＤを携帯音楽プレイヤーに入れてもよいこと、市販の映画ＤＶＤの中身をパソコンに取り込んではいけないこと、違法にネットにアップロードされた音楽や動画をそれと知りながらダウンロードする行為が違法であること、録音・録画のためのＣＤやＤＶＤメディアを買うのに補償金を支払わなければならないこと――それらがすべて第三十条で決められている。

一九七一年当初の著作権法では、第三十条の規定はつぎのようなたいへんシンプルなものだった。

> 第三十条　著作権の目的となつている著作物（以下この款において単に「著作物」という。）は、個人的に又は家庭内その他これに準ずる限られた範囲内において使用することを目的とする場合には、その使用する者が複製することができる。

このように、当初は個人的なものや家庭内での複製が広く許される、おおらかさのある条文だった。ところが、第三十条にはそれからつぎつぎと文言が付け加えられ、個人的なものや家庭内での複製であっても許されない場合や条件が増えていった。一九八五年にはまずレンタル・ダビング機による複製が除外された。つづいて九三年には私的録音録画補償金制度が定められた。九九年にはビデオのコピーガード破りによる複製が除外され、二〇一〇年には違法なソースから音楽と動画をダウンロードする行為が違法になった。そして一二年には、市販・レンタルDVDをコピーすることが違法になった。こうした改正のたびに、ユーザーの利便性は狭められていった。二〇一六年現在の第三十条は一九七一年当初の八倍以上の長さになり、著作権の専門家でないと概要すらつかめないような、たいへん長く複雑なものになっている（巻末附録1参照）。

さて、こうした法改正を、いったい誰がどのようにして進めているのだろうか？　そのプロセスは本当に民主的といえるものなのだろうか？　誰かがどこかで話し合って著作権法を変えていることに関心を持たず、国民は法改正の結果をただ受け取るだけでよいのだろうか？　そういった関心のもとで、筆者は二〇一一年に『日本の著作権法はなぜこんなに厳しいのか』（人文書院）という本を上梓した。それから四年半が経つあいだも、著作権法はますます厳しくなり、これから先もそうした方向に進みそうな気配が濃厚になっている。

（2）　詳細は、拙著『日本の著作権法はなぜこんなに厳しいのか』（人文書院、二〇一一年）第1章を参照のこと。

本書では、主に前著を出した二〇一一年以後のことを書く。とりわけ、立法にたずさわる国会議員の言動、彼らを動かしたひとびとのこと、そして自国のグローバル企業の利益のために働く米国政府の意向に焦点を当てる。

第1章では、米国政府から日本への注文書ともいえる「年次改革要望書」で、日本の著作権をどうしろといわれつづけていたのかを整理する。「年次改革要望書」については、その影響を過大に評価してはいけないとは思う。しかし、日本の著作権法の改正が概ねそこに書かれてあった通りに進んでいることを、読者は理解するだろう。

第2章では、米国コピーライト法に入っているフェアユース規定を日本の著作権法にも取り入れようとして権利者団体の徹底的な抵抗に遭い、その「残がい」だけがようやく実現したことを書く。

第3章では、音楽業界関係者の国会議員へのロビイングによって、違法ダウンロードに刑事罰を付けることが計画され、改正法案に強引にねじ込まれた経緯をおさらいする。

第4章では、日本と米国が主導した「偽造品の取引の防止に関する協定」（ＡＣＴＡ）が秘密主義のもとで交渉され、それが原因で欧州市民の猛反発を受けて否決された経緯を書く。日本だけがＡＣＴＡ加入に向けた法改正をし批准した。ところが、他国はどこも批准せず協定は宙に浮き、著作権法を含む国内法が厳しくなった事実だけが日本に残ったことも、将来に向けた教訓として知らしめたい。

第5章では、著作権法改正をともなうことが、環太平洋経済連携協定（ＴＰＰ）交渉で合意されたことを取り上げる。その改正のポイントは、「年次改革要望書」で米国が求めてきたことであると同時に、最近十年間の国内での議論で否定ないし先送りにされてきたものだった。ＴＰＰによる著作権法改正がどうなるのか、さらにはＴＰＰ自体がどうなるのか、本書の執筆時点ではまだ完全には決まっていない。とはいえ、貿易交渉の文脈での秘密協議で、著作権法の重大な変更が米国の意向に沿う形で決められてしまうことへの違和感を麻痺させてはならない。

附章では、二〇一五年夏に起きた五輪エンブレム「盗作」騒動のことを取り上げる。この事件は、法改正に関わることではない。だが、著作権をめぐるネット世論と、それが作者に対して現実に加えた制裁の妥当性を、社会全体で考える必要があると思う。

著作権と文化のことについて、これから変更可能な未来をどう作っていくのか、本書がそれを考えるひとつの材料になれば、それに越したことはない。

第1章　米国からの注文書──「年次改革要望書」

「年次改革要望書」と著作権

厳罰化や第三十条の変化に象徴的にあらわれているように、著作権法の改正の多くは、権利者側の要望をかなえる形で行われてきた。しかしながら、改正には国内の権利者の意向だけが働いたとは言い切れないものもある。実は、米国政府からの要望も影響を与えているのだ。

米国政府からの要望とは、「日米規制改革および競争政策イニシアティブに基づく要望書」、いわゆる「年次改革要望書」のことだ（巻末附録2参照）。

「年次改革要望書」は、日米の両政府が相手方の政策への要望を伝えるものだった。それを交換することは、一九九三年に当時の宮澤喜一首相とビル・クリントン大統領との会談で決まった。毎年十月頃に要望書を交換し、それを検討した結果が翌年六月頃に両国首脳に対して報告されていた。郵政民営化や人材派遣の自由化など、その後の日本社会のいくつかの象徴的な出来事が

「年次改革要望書」で米国から要望されていた。そのため、そこには日本の未来が書かれてあったとのみかたもある。

要望書の交換は、一九九四年にはじまって二〇〇八年までつづき、〇九年に誕生した鳩山政権がこれを廃止した。しかし一一年には「日米経済調和対話」の名称で同種のやり取りが復活している。

日本の著作権法の方向性についても、「年次改革要望書」にいくつかの言及がある。米国の要望に沿って法改正がなされたようにみえる部分すらある。それらの実情はどのようなものだったのか、個別の事項を取り上げて検討してみたい。

保護期間の延長問題

ここで、著作権法改正の典型的な手続きを整理しておこう。著作権法を管轄するのは文化庁の著作権課である。同庁に置かれている文化審議会の著作権分科会が法改正に向けた検討をする。毎年、集中的に審議すべき事項を分科会が設定し、小委員会で一—二年か、場合によってはそれ以上の時間をかけて検討し、報告書にまとめられる。近年は官邸に置かれた知的財産戦略本部（知財本部）から検討課題がおろされることも多い。そして、小委員会の報告書が分科会で承認され、その内容が文化庁と内閣法制局とで具体的な法案になり、閣議決定を経て国会に上程される。それが衆参両院で可決されて法改正が実現する。

このように、閣議決定によって上程される法案を「閣法」という。改正案が閣法で国会に上程されるのが典型的な手法であるが、これでは利害関係の対立する審議会で、検討課題について合意を得られないこともある。また一連のプロセスに数年を要するため、急ぐ必要のある法改正には対応できない。

審議会での議論を経て閣法とすること以外にも、国会議員が議員立法で改正案を国会に上程することもある。これは迅速な法改正ができる半面、専門家による熟議を経ていないぶん、問題のある改正になる危険性をはらむ。また、業界団体による政治家へのロビイングによって、ユーザーの利便性を奪う法改正や新規立法が、議員立法でなされてしまう問題があり、実際にそうしたことが起こった。

法改正のプロセスを知ったうえで、まずは著作権保護期間の延長問題を考える。二〇〇二年までの日本では、一般的な著作物の場合は著作者の死後五十年、無名・変名・法人・映画の著作物の場合は公表後五十年保護されていた。

米国では一九九八年に制定された「ソニー・ボノ著作権延長法」によって、七七年までに発表された作品の法人著作権の保護期間を、それまでの発行後七十五年から九十五年に延長した。また七八年以降に創作された作品については、一般の著作物では著作者の死後七十年、法人著作物の場合は発行後九十五年か制作後百二十年のいずれか短い方となった。米国はこの世界的にみても長い保護期間を世界標準にしたいと考え、そうなるような圧力を諸外国に加えつづけている。

日本国内でも、保護期間が長ければ長いほど文化活動がいっそう活性化するとの主張が、主に権利者側からつづけられている。しかし、あまりに保護期間が長すぎると、相続によって権利関係が複雑になったり、権利者がわからなくなったりして、過去の作品の再利用ができず死蔵されてしまう。日本で明治期に出版された本の七十一パーセントは、権利者不明になっているというデータもある。

過去を振り返ると、一九九九年の文化庁著作権審議会で保護期間延長問題が審議されたが、直ちに延長すべきとの結論にはならなかった。そして、日本映画製作者連盟は二〇〇二年の文化審議会で、映画の著作物に限って保護期間を公表後七十年にするよう主張した。

二〇〇二年の「年次改革要望書」ではじめて、著作権の保護期間を一般の著作物は死後七十年に、法人著作物は公表後九十五年に延長すべしとの要望が、米国から出された。「年次改革要望書」と日本映画製作者連盟の動きはほぼ同時で、両者の何らかのつながりを想起させるものだった。

日本映画製作者連盟の働きかけは奏功し、映画の著作物に限って保護期間を公表後七十年にする法改正が二〇〇三年に行われた。〇二年の「年次改革要望書」に対する〇三年の報告書には、つぎの記述がみられ、将来的には映画以外の著作物についても保護期間を延長することを、米国に約束するかのようなことを書いている。

日本政府は、映画の著作物の保護期間を最初の公表後五十年から七十年に延長するため、二〇〇三年五月十三日に著作権法の一部を改正する法律案を国会に提出した。日本政府は、著作権法で保護されるその他の事項の保護期間延長について、国際的な動向を含む様々な要因を考慮しつつ、検討を継続する。

二〇〇三年の文化審議会著作権分科会では、一般の著作物についても保護期間を七十年にするよう権利者団体が主張した。知財本部が毎年発表する「知的財産推進計画」の〇四年版には、一般的な著作物の保護期間について必要ならば法改正することが盛り込まれ、延長が事実上の既定路線になった。「年次改革要望書」においても、保護期間延長の要望は〇七年まで継続的に記載された。

二〇〇六年には、日本文芸家協会ほか十六団体が保護期間延長を求める声明を出した。その一方で、保護期間を延ばすことは新たな創作につながらないばかりか、過去の著作物の利用を著しく困難にし、文化を停滞させるとの懸念がユーザーのあいだに広がった。そうした問題意識を持ったひとびとが集まり、「著作権保護期間の延長問題を考える国民会議」が〇六年に発足し、公開討論会をたびたび開催して議論を深めていった。

二〇〇七年には、この問題を考える小委員会が文化審議会に設置された。この小委員会の第一回会合で文化庁が用意した資料には、保護期間の延長が必要な理由のひとつとして、「年次改革要望書」で米国から望まれていることが、はっきりと記されている。

一方で、文化庁は保護期間延長への懸念が国民的な広がりをみせたことを考慮し、権利者に偏りがちな小委員会の構成を改め、幅広い層の意見を議論に取り入れた。二〇〇九年に取りまとめられた報告書では、「保護と利用のバランスの調和の取れた結論が得られるよう、検討を続けることが適当である」とまとめられ、事実上の既定路線だった保護期間延長が市民のパワーによって覆されるという、異例の事態になった。

「年次改革要望書」では、保護期間延長は二〇〇七年まで連続して要望されていたが、そのような流れを受けて〇八年の要望書には記載されなかった。その後すぐに「年次改革要望書」自体が廃止されたのだが、一一年に形を変えて復活した「日米経済調和対話」では再び保護期間延長が米国から要望されている。それがＴＰＰに引き継がれていることは第5章で述べる。

映画盗撮防止法

著作権保護期間の延長が議論されていたさなかの二〇〇六年に、日本映像ソフト協会会長だった角川歴彦は、映画館で映画を「盗撮」することを禁止する法整備を、自民党の知的財産戦略調査会で求めた。私的使用を目的に映画館で映画を撮影する行為は、著作権法では合法だった。しかし、そうして「盗撮」された映画が海賊版になって出回っているのだと映画業界は主張した。映画館で映画を撮影することを、私的使用のためであっても禁止にしたいというのが、要望の趣旨だった。
それから三ヶ月後に公表された二〇〇六年版の「年次改革要望書」に突然、「映画の海賊版」についての要望があらわれた。

海賊版DVD製造に利用される盗撮版の主要な供給源を断ち切るために、映画館内における撮影機器の使用を取り締まる効果的な盗撮禁止法を制定する。

米国にはすでに同様の規制があった。みかけ上、国内業界の動きが米国からの「年次改革要望書」にやや先行した形になっているが、両者は連携して動いていたと推測できる。この法制を実現するには、審議会で合意のうえ著作権法第三十条の「私的使用のための複製」規定の改正案を閣法で国会に出すのが通常の方法である。しかしこのときは、著作権法を上書きする「映画の盗撮の防止に関する法律」(「映画盗撮防止法」)を別に起草し、それを審議会にかけることなく議員立法で上程する手法を、業界と自民党は採った。国会上程から成立まで三週間で、その間、こうした動きに気付いたひとは少なかった。
「年次改革要望書」への翌年の報告書には、成果がつぎのように記されている。

著作権法の罰則の適用により、私的使用目的の場合についても、映画館における音声・影像の録音・録画行為の処罰を可能にすることを定める法律案が二〇〇七年五月二十三日に国会で可決された。

同法は八月三十日に施行され、頭がビデオカムの男がパントマイムをしながら盗撮禁止を呼び掛けるPR映像が、その日から日本中の映画館で流されることになった。

軽い気持ちで映画をスマホで撮った子どもが捕まる心配を除けば、「映画盗撮防止法」の内容それ自体には、深刻な問題はないだろう。しかし、本来ならば専門家を交えた議論を経て著作権法改正で臨むべきことを、業界団体のロビイングによる議員立法で著作権法を上書きする法律を別に用意し、それをスピード成立させた手法には問題がある。このときの議員立法の成功モデルが、「違法ダウンロード刑事罰化」のさいに、再び試みられたからだ。そのことは第3章で詳述する。

違法ダウンロード違法化・刑事罰化

著作権法第三十条の「私的使用のための複製」の範囲を見直せという要望は、二〇〇〇年の「年次改革要望書」にはじまる。〇一—〇三年にはいったんその記述は消えたが〇四年に復活した。その後、〇六年からはじまった文化審議会著作権分科会の小委員会で、違法にアップロードされた音楽と動画をそれと知りながらダウンロードする行為を「私的使用のための複製」から除くことを、音楽・映像業界が強く要望した。そうした流れに応じて、〇七年の「年次改革要望書」での該当部分の記述はつぎのようになった。

私的複製の例外範囲を合法な源からの複製に限定し、その範囲を（ピア・ツー・ピア・サービスを介した複製物のダウンロードなど）家庭内利用の範囲を超えることを示唆する行為にまで広げない、などの措置を取ることによって、権利者が不利益を被らず、また競争法や営業秘密の保護に配慮がなされるように、デジタル・コンテンツ関連規則や規制の透明性を確保する。

小委員会ではユーザー側を代表する委員の津田大介らと、権利者団体とのあいだで激しい議論があった。最終的には、刑事罰を付けないことを前提に著作権法を改正し、違法ダウンロードを「違法化」することで二〇〇八年に合意した。[3] その最終合意に先立つ二〇〇八年十月の「年次改革要望書」には、「日本の著作権法における私的使用の例外が、違法な情報源からのコンテンツのダウンロードには適用されないことを明確にする」と記述され、違法ダウンロード「違法化」が確実に行われるよう、米国がプレッシャーをかけていたことがわかる。

（3）この小委員会の経過については、拙著『日本の著作権はなぜこんなに厳しいのか』（人文書院、二〇一一年）第4章に詳述した。

違法ダウンロードを「違法化」した改正著作権法は、二〇一〇年一月に施行された。繰り返しになるが、この改正の対象は音楽と動画に限定され、刑事罰を付ける必要性のないことは、権利者サイドも認めていた。しかし、一一年の「日米経済調和対話」では、「すべての著作物を対象に、日本の著作権法の私的使用に関する例外規定が違法な情報源からのダウンロードには適用されないことを明確にする」と、違法ダウンロードの適用範囲を音楽・動画以外にも広げるよう米国は要望している。

この記述は見過ごせない。米国はあらゆる違法ダウンロードを違法にすることを、日本に要望しているのだ。もしこれが実現してしまえば、たとえば新聞記事を無断で転載しているＷＥＢページや、アニメのキャラクターをプロフィール画像にしているツイッター投稿を、家庭内で自分のＰＣにアーカイブすることすら違法行為になりかねない。

第3章で述べるように、おなじ二〇一一年夏に、日本レコード協会は国会議員にロビイングを仕掛け、違法ダウンロードに刑事罰を付けるよう活動をはじめた。最終的には一二年の著作権法改正に議員提案による修正を加えることで、「違法ダウンロード刑事罰化」を国会で可決させることに成功した。米国は、刑事罰を付けることまで要望していなかったが、違法な情報源からのダウンロードを規制すべきとの「年次改革要望書」の大枠のなかで、法改正が起きたとはいえるだろう。

実現したこと・しなかったこと

これまであげた事項のほかにも、「年次改革要望書」では多くのことが米国から要望されてきた。たとえば、著作物の利用過程でパソコン内に一時的にできるコピーを、複製物に含めよとの要望もあった。日本ではそうした一時的複製は、複製概念から除外していた。これについては、二〇一〇年一月一日施行改正で、一時的複製を適法にする個別例外規定が設けられた。インターネットの「プロバイダー責任制限法」のことも「年次改革要望書」にある。技術的保護手段を強くする一環としてアクセス・コントロールの回避を禁じることも、第4章で述べるACTAとつながりを持ちながら進められた。政府機関による侵害行為の防止や、教育利用の例外に枠をはめることも、内部規制や通達、ガイドラインを出すなど、概ね要望に沿った動きがあったといえるだろう。

一方で、「年次改革要望書」に数年にわたって書かれながら、それに対応した動きがはっきりとは起こらなかったこともある。たとえば大学における偽作版についてのことだ。

大学構内で書物が違法にコピーされるのを取り締まるよう、米国は二〇〇四年から三年間にわたって要望した。背景には、米国の出版社が出している科学・技術・医学の専門書が大学図書館でコピーされるがために、本が売れない実情があったのだろう。日本の研究者や学生の側にしてみれば、洋書の専門書はあまりに高価で買うことができない。大学図書館での専門書のコピーは、科学技術の国際的な競争に勝つための「必要悪」の側面があった。警察にしてみても、大学構内に取り締まりに入ることには、大きな躊躇があったに違いない。結局、米国とは引きつづき協議することでお茶を濁しているうちに、米国の側から要望されなくなったようだ。

非親告罪化と法定損害賠償

最後に、「年次改革要望書」とTPPの関係に触れておきたい。著作権法がらみのことで、保護期間延長と並んでTPP交渉で大筋合意したこととして、著作権侵害の一部非親告罪化と法定損害賠償制度の導入がある。

親告罪とは、刑事事件において被害者の告訴がなければ公訴を提起できない、すなわち裁判にかけることができない罪をいう。たとえば、強姦罪や強制わいせつ罪のように、公判になってしまうと、かえって被害者の不利益になる危険性のある罪が親告罪になっている。非親告罪化とは、親告罪をそうでなくし、被害者の告訴がなくても検察の判断で容疑者を裁判にかけられるようにすることだ。

ちなみに、容疑者を捜査するだけならば、親告罪であっても告訴なしにできる。しかし告訴がないと裁判には進めないため、親告罪であることには公権力を暴走させないための抑止効果もある。

英米法には親告罪の概念がなく、「親告罪」を意味する英単語すら存在しない。日本の親告罪は、ドイツ法から取り入れたものだとされている。

著作権侵害罪の、全部ではないがほとんどすべては親告罪である。つまり、侵害によって被害を受けたひとや会社が告訴しなければ、検察は侵害者を起訴できない。結果として、警察や検察が自主的に動いて侵害者の関係先を捜索することに抑制が働く。もっとも、警察がまず捜査し、容疑者が著作権侵害をしていれば権利者に働きかけて告訴を促すことはあるようだ。

著作権侵害の非親告罪化については、二〇〇六年の要望書から記述されている。

起訴する際に必要な権利保有者の同意要件を廃止し、警察や検察側が主導して著作権侵害事件を捜査・起訴することが可能となるよう、より広範な権限を警察や検察に付与する。

「年次改革要望書」では、二〇〇八年までほぼ同様の要望がされている。非親告罪化については、文化審議会でもその導入の可否が議論された。〇九年一月に出された同審議会著作権分科会の報告書では、告訴期間（六ヶ月）の経過により告訴できない事態を避けるべきといった意見がある一方で、一律に非親告罪化することは適当でなく、慎重な審議が必要との結論になっている。親告罪であることが捜査の大きな障害にはなっていないこと、告訴しない権利者には公判への協力も望めないことがその理由だ。審議の結果を受けた日本政府の回答は、〇九年の報告書ではつぎのようになっている。

日本国政府は、著作権法における著作権侵害罪を公訴する際の被害者（権利者）の告訴要件を見直すべきか否かについて検討を行った。文化審議会の議論をとりまとめた二〇〇九年一月の報告書においては、著作権等の侵害罪について、非親告罪化することは慎重な検討を要し、また、著作権侵害罪を公訴する際の被害者（権利者）の告訴要件が捜査の大きな障害になっているという認識はないことを再確認した。日本国政府は、職権の付与が著作権侵害罪の効果的な捜査・起訴を促進するための重要な手段であるとの米国政府の見解に留意する。

要するに、審議会で検討しましたが非親告罪化する必要はないとの結論になりました、だけど米国の要望を忘れることはありませんよということだ。

もうひとつのポイントである法定損害賠償制度とは、損害賠償額の算定にあたって実際の被害額ではなく、裁判所が認める範囲で賠償金が決められる制度のことをいう。米国法では「ひとつの著作物」に対して七百五十─三万ドルの範囲で賠償金が決められる。侵害が故意だったことを権利者が立証すれば、懲罰の意味で賠償額を十五万ドルまで増額することができる。つまり、ファイル共有システムなどによって百曲の音楽を公衆に向けて「送信可能」にしたら、最低で七千五百ドル、最高で千五百万ドルの賠償金になる。米国では法定損害賠償制度が侵害の抑止力になっている半面、軽微な侵害者を探して賠償金や「和解金」を受け取る「コピーライト・トロール」業者が問題になっている。

法定損害賠償制度については、二〇〇〇年の要望書が初出である。〇一年にはいったん記載が消えたものの、〇二年に復活し〇八年までつづけて要望されている。この制度についても、文化審議会で審議が重ねられた。〇九年一月にまとめられた著作権分科会の報告書では、同制度がないと対応が困難な実態がないことから、導入の必要なしとの結論になった。〇八年の「年次改革要望書」への翌年の報告書には、つぎのように書かれてある。書きぶりとしては、非親告罪化への回答と同様である。

日本国政府は、文化審議会において、権利者の損害額の立証負担を軽減するため、侵害行為に対する法定損害賠償制度の創設の必要性の有無について検討を行った。二〇〇九年一月に取りまとめられた文化審議会の報告書においては、現行法（第百十四条の五等）によって損害賠償額を証明することは特段困難ではないこととまた、法定損害賠償制度が民法や知的財産法などの法規定と一致し得るかどうかについて検討を行うことが必要とされた。日本国政府は、法定損害賠償制度の採用が、権利者への補償及び侵害の抑止のための重要な手段であるという米国政府の見解に留意する。

しかし、これで米国が要望を引っ込めることはなかった。二〇一一年に復活した「日米経済調和対話」では、非親告罪化と法定損害賠償をひっくるめて、米国はこんな要望を繰り返した。

権利者からの申し立てを必要としない、警察や税関職員および検察の主導による知的財産権の侵害事件の捜査・起訴を可能にする職権上の権限を警察や税関職員および検察に付与し、権利者への実効的な救済手段として著作権や商標権侵害に対して予め決められた法定損害賠償の制度を採用することで、知的財産権の侵害に対するエンフォースメントを強化する。

米国の要望は忘れないという意味の回答を日本側はしたのだから、おなじことをいってくるのは当たり前かもしれない。いつの日か外圧によって「ポリシー・ロンダリング」されることを願って、このような要望を残すように、非親告罪化や法定損害賠償を望む勢力が動いたのかもしれない。そしてそれが実際に、TPPによって一部実現しようとしている。

米国のようなフェアユースの法理を持たない日本では、保護期間延長、非親告罪化、法定損害賠償のいずれも、過去の作品の再利用、デジタル・アーカイビング、コンテンツの二次利用のあり方に大きな影響を及ぼす可能性がある。制度設計を誤ると、日本文化を萎縮させることにつながりかねないとの認識は、すでに広く共有されている。

第2章　米国を夢みた残がい――「日本版フェアユース」

フェアユースとは

前章でみたように、米国は日本の著作権法を自国基準のものに作り替えようとしてきた。そんな米国が絶対に輸出しようとしない規定がフェアユースだ。ハリウッドの権利者にとってフェアユースは「目の上のたんこぶ」であり、米国のＩＴ企業にとっては先進的なコンテンツ・ビジネスに挑戦できる拠り所になっている。だから、どちらの勢力もフェアユースを海外に広げたがらないのだろう。

フェアユースのことは、米国コピーライト法第百七条に書かれてある。

第百七条　排他的権利の制限：フェアユース

第百六条および第百六Ａ条の規定にかかわらず、批評、解説、ニュース報道、教授（教室における使用のために複数のコピーを作成する行為を含む)、研究または調査等を目的とする著作権のある著作物のフェアユース(コピーまたはレコードへの複製その他第百六条に定める手段による使用を含む)は、著作権の侵害とならない。著作物の使用がフェアユースとなるか否かを判断する場合に考慮すべき要素は、以下のものを含む。

(1) 使用の目的および性質(使用が商業性を有するかまたは非営利的教育目的かを含む)。

(2) 著作権のある著作物の性質。

(3) 著作権のある著作物全体との関連における使用された部分の量および実質性。

(4) 著作権のある著作物の潜在的市場または価値に対する使用の影響。

上記のすべての要素を考慮してフェアユースが認定された場合、著作物が未発行であるという事実自体は、かかる認定を妨げない。

フェアユースになるのは「批評、解説、ニュース報道、教授、研究または調査等」の目的に限られている。ただし、最後に「等」が付いているため、ある程度の幅がある。そして、フェアユースになるか否かの判断基準として、四つの要素が示されている。これらすべての要素について裁判所が「フェア」だと判断すれば、米国では著作権侵害には問われない。

インターネットの覇権を握った会社は、ハードウェア・メーカーでも基本ソフトの開発会社でも接続サービス・プロバイダでもない。グーグルやヤフーなどの、米国にあるネット検索サービスの会社だ。では、「技術大国」のはずの日本の会社が、ネット検索サービスで米国に遅れを取ったのはなぜか？　米国コピーライト法にはフェアユース規定があるが、日本にはそれがないためにネット検索サービスは違法ビジネスになったからだ、という定説に大きなまちがいはないだろう。

日本の著作権法はドイツ法を範とする大陸法であり、米国コピーライト法のような英米法とは体系が違う。では、日本と米国の大きな違いはどこにあるのだろうか？　日本法には人格権の要素が強く、ほとんどが親告罪であり、著作権が制限される場合を条文で細かく列挙している。そして何よりも訴訟を好まない法文化がある。それに対して米国法は財産権が主体で人格権の要素が薄く、非親告罪であり、一定の条件を満たした利用を広く認めるフェアユースの法理がある。そのうえ、米国には訴訟で白黒を付ける法文化がある。そうして蓄積された判例が、法律の条文とおなじくらい重視される。

フェアユースは、米国コピーライト法に最初からあったものではない。百年以上にわたる判例の蓄積のなかで確立されたことを、一九七六年の法改正のときに成文法に組み入れたものだ。米国法にはこのような一般的な権利制限規定と、日本法ほど細かくはないが、図書館での複製や一定の条件下でのコピーなど、個別的な権利制限規定も共存している。また、フェアユースは著作物のユーザーの権利ではなく、いざ裁判になったときに防御するための「抗弁」であることも忘れてはならない。

米国のフェアユースをめぐる裁判のもっとも有名なものとして、一九八四年の「ソニー・ベータマックス裁判」を紹介しておこう(4)。家庭用のVTR機器が映画の録画に使われて映画会社の権利が侵害されていると、ユニバーサル・スタジオがソニーを訴えたものだ。当時、ハリウッドの映画産業は斜陽だった。映画館に客が来なくなった理由は、テレビ放送された映画をビデオに撮って楽しむひとが増えたせいだと、ユニバーサル・スタジオは考えたようだ。それに対してソニーは、家庭用録画機の利用目的は見逃しをしないための「タイムシフト録画」であり、これは著作権を侵害しないフェアユースだと主張した。ちなみに、日本法では家庭内での「タイムシフト録画」は、著作物の私的使用にあたるので文句なく合法である。

裁判は最高裁まで争われ、判決では五対四の僅差でフェアユースが認められた。その結果、ハリウッドの映画産業は衰退したかというと、皮肉なことに歴史は正反対の方向へと動いた。ハリウッドは映画をビデオ・パッケージにして個人向けに販売するビジネスで劇的に復活し、米国を支える一大産業に発展した。

フェアユースにかかわる国際的な動向で、米国のフェアユースのほかに気に留めておかなければならないことが、あとふたつほどある。第一は、ベルヌ条約が定める「スリーステップテスト」だ。ベルヌ条約は著作権に関する国際的な条約で、百六十カ国以上が加盟している。その第九条第二項に、「特別の場合について……著作物の複製を認める権能は、同盟国の立法に留保される。そのような複製が当該著作物の通常の利用を妨げず、かつ、その著作者の正当な利益を不当に害しないことを条件とする」と定められている。つまり、無許諾の複製が認められるのは、(1)特別な場合であって、(2)著作物の通常の利用を妨げず、(3)著作者の利益を不当に害しない、の三段階のテストに合格しなければならない。ベルヌ条約のスリーステップテストは、米国コピーライト法とは違う観点からフェアユースの条件を示しているものなので、このことばを記憶しておいてもらいたい。

第二は、一九八八年の英国コピーライト法に規定された「フェアディーリング」の概念である。これは、研究、私的学習、批判、評論、時事報道、授業の目的に限って、より広範な権利制限を認めるものだ。これは米国法ほど一般的な権利制限ではなく、目的をかなり限定したものになっている点が特徴である。

日本の著作権法にはフェアユースの考え方はないのだが、裁判でフェアユース的なものが認められた例はいくつかある。その代表的なものとして、「雪月花事件」(東京高裁判決二〇〇二年二月十八日)があげられよう。これは照明器具のカタログのなかに、原告の書家による書が数ミリの大きさで配置されていたことについて、複製権と同一性保持権の侵害を訴えた事件だった。地裁はこの程度の「写り込み」では書の本質的な特徴を感知できないとして訴えを退け、高裁は原告の控訴を棄却した。

(4) 山本隆司、奥邨弘司『フェア・ユースの考え方』太田出版、二〇一〇年、三六―四〇頁。

この判決はニュース映像の背景にキャラクター画像が入ってしまうような、「写り込み」全般をよしとしたものではない。写り込んだ書がより高精細なものだったならば、また違った判決になっていた可能性があった。

社会でふつうに行われていることだが、厳密にいえば違法にあたることを放置してよいのかという議論もある。代表的なのは、どこかのＷＥＢページを会社内で許諾なしにプリントする場合だ。ＷＥＢページには著作権がある。それをプリントするのは立派な複製行為になる。それを個人が家庭内でやるのには問題ないが、会社でやる場合は私的使用とはいえず著作権侵害になる。かといって現実問題として、ＷＥＢページをプリントするのに、いちいち権利者に許諾を求める会社などないだろう。このような「形式的な侵害」が常態化しているのを、フェアユースで何とか拾えないかとの議論もあった。

それ以上に日本で深刻だったのが、ネット検索サービスへの対応だった。ネット検索を実現するには、ネット上にある膨大なＷＥＢページを、検索サービス提供会社のサーバーにコピーする必要がある。ＷＥＢページをコピーし公衆に送信するには、日本では個々の権利者の許諾が必要だ。だが、許諾をひとつひとつ取るにはコストがかかりすぎて、ビジネスとして成り立たない。だから、米国でヤフーが登場した頃、日本の会社は同様のサービスを展開することに二の足を踏んだ。日本語版のヤフーは外国にあるサーバーで動いていた。一方で米国の会社は、ネット検索のためのコピーをすることで訴えられたとしても、フェアユースだとして裁判で闘うことができた。現に、検索サービスのための自動画像収集にフェアユースを認める判決も出ている(5)。

日本で検索サービスを合法にするための方策は、著作権の個別制限規定をひとつ加えることで実現した。それは第四十七条の六「送信可能化された情報の送信元識別符号の検索等のための複製」という意味不明な条項になり、それに輪を掛けて難解な条文が規定された(巻末附録1参照)。改正法がようやく施行されたのは、検索サービスの覇権をグーグルがとうの昔に握っていた二〇一〇年一月だった。

日本にはフェアユースがないがために、新しいネット・ビジネスが生まれにくい社会になっているのではないか——そういう問題意識の高まりが、「日本版フェアユース」を作ろうという流れを生んだ。しかし、これから述べるように、そうした機運は挫折し、フェアユースとはいえないような限られた部分だけが実現した。

「日本版フェアユース」はどこでどう議論され、長い時間をかけた末になぜ挫折したのか、それをざっくりとみるだけで、日本の著作権法をめぐる構造的な問題の一端がわかるだろう。

はじまりはどこに?

日本に合ったフェアユース規定をとのかけ声の源は、知財本部での議論にあったとみられる。

(5) 山本、奥邨前掲書、二一五—二三二頁。

たとえば「知的財産による競争力強化専門調査会」が、二〇〇七年十一月に出した「知財フロンティアの開拓に向けて」という報告書には、「ウェブサイトの収集等に当たり事前に権利者からの許諾を得ることが現実的には不可能であり、著作権侵害に該当しかねないとの問題を解消するため、早急に著作権法改正等の所要の措置を講じる」とある。さらに、「米国著作権法におけるフェアユース規定等を参考としつつ、権利行使に関して調整する包括規定の導入の可否などについても検討する」とも書かれてある。

また、「コンテンツ・日本ブランド専門調査会」は、二〇〇八年三月に「デジタル時代におけるコンテンツ振興のための総合的な方策について」という報告書を出した。そこには、「新たなビジネスモデルの追求に向けた取組を支援するとともに、新たなビジネスモデルやコンテンツの利用形態の出現を視野に入れつつ、必要な知財制度の見直しを検討する」とある。

もうひとつ、「知的財産による競争力強化専門調査会」が二〇〇八年三月にまとめた報告書「オープン・イノベーションに対応した知財戦略の在り方について」には、図書館にある学術情報へのアクセスの改善や研究のための情報利用・解析の円滑化等の提言がみられる。

これらはフェアユース導入をピンポイントで狙ったものばかりではなく、それを入れなくても個別制限規定を追加して対応できる可能性もあった。しかし知財本部は、フェアユース導入を半ば前提として、これらの問題を議論する場を作ることを決めた。名称を「デジタル・ネット時代における知財制度専門調査会」とし、その第一回会合が二〇〇八年四月二十四日に開かれた。

調査会の委員は大学の法学者や弁護士、企業の法務担当者、情報学の研究者ら十二名で、業界色のない専門家の会合といってよいものだった。会長には知財本部員でもある弁護士の中山信弘が選ばれた。中山は東京大学で教鞭を執っていたその道の第一人者であり、前年に刊行した著書でフェアユース導入には慎重な立場を取っていた(6)。

調査会の論点は、ふたつ設定されていた。第一は「デジタル・ネット社会における著作権制度の役割をどのように捉えるべきか」、第二は「デジタル・ネット社会の進展の中で著作権制度が不適合を起こしている点はどこにあるか。またその具体的な問題はどこに生じているか」だった。その第二の論点の例として、「新たな技術やビジネスモデルの出現に際して、柔軟に対応しうる規定がなく、新たな動きが萎縮しがちである」をあげ、現行著作権法の個別的・限定的な規定方式を見直すことが、調査会の宿題になった。

実は、検索サービスを合法化することについては、二〇〇七年の文化審議会著作権分科会法制問題小委員会で審議がはじまっていて、その主査も中山だった。そのせいか、検索サービスのことはフェアユースの文脈からははずれ、専門調査会の直接的な論点にはあげられなかった。

第一回の会合では、ふたつの論点について全員が意見を述べた。フェアユースのような包括的な制限規定を設けることについては、規定ぶりや運用の難しさを指摘する委員もいたが、全員が

(6) 中山信弘『著作権法』有斐閣、二〇〇七年、三〇九―三一一頁。

肯定的な立場だった。最初からそうした意見を持つ者ばかりが委員に選ばれていたとの、穿ったみかたもできそうだ。しかし、フェアユース導入の可能性を探る調査会なのだから、それでもよかったのだともいえる。真相はどうであれ、最初の会合ですでに結論がみえていた。

五月九日の第二回会合では、フェアユースに関する前回議論が、「インターネットビジネスのことを考えると、フェアユースの規定は必要不可欠である。何年もかけて立法化されるのを待っていると、国際的なビジネスの世界では完全に遅れをとってしまう」とまとめられた。そのうえで、検索サービスの適法化を急ぐべきだと話し合われた。

浮上した対立点

似た考えを持つ委員が集まった調査会だったが、そのまま「シャンシャン」とは進まなかった。六月二十五日の第四回会合で参考人ヒアリングがはじまったあたりから、対立点が浮上してきた。法律家と産業界を中心に作る「デジタル・コンテンツ法有識者フォーラム」事務局長の岩倉正和は、この日の意見陳述で「ネット法」導入の必要性を語った。その要点は、収益の公正な配分を行う能力を持つ者のみに、ネット上のデジタル・コンテンツの流通に関する権利を与え、収益の公正な配分を義務化するものだった。同時にフェアユースを規定し、技術進歩の早さに対応できるようにすべきだと論じた。

それに真っ向から異を唱えたのが、日本芸能実演家団体協議会（芸団協）から参考人として来た椎名和夫だった。椎名は許諾権を実演家から奪い、コンテンツ・ホルダーに権利を集中させることを強く警戒した。そして、無料で食べ放題のラーメン屋がある場所にどんなラーメン屋を開こうと絶対に客が入らないのは「厳然たる事実」だといい、まずは海賊版対策をするべきであって、「ネット権、ネット法」には反対すると論じた。無料ラーメン店に喩えることが適切かどうかは議論の余地があると思うが、椎名がかねてから推進してきた「違法ダウンロード違法化」の主張との一貫性はみられた。

七月十日の第五回会合には、参考人としてヤフー株式会社法務部長の別所直哉が呼ばれた。現在の限定列挙型の権利制限では新規サービス創出に萎縮効果があるので、フェアユースを導入してルールを社会のなかで創設する仕組みにすべきだと、別所は期待を述べた。また調査会委員で立教大学の上野達弘は、フェアユース研究の専門家の立場から「日本版フェアユース」の可能性を論じ、積極的に検討されるべきだと結論付けた。この回から議事の文言が「権利制限の一般規定（日本版フェアユース規定）の導入について」になったことも注目される。

第六回会合は七月二十九日にあり、ふたりの研究者が参考人として呼ばれ、「日本版フェアユース」導入を前提とした意見を述べた。第七回はネット上の海賊版対策が議論の中心になり、「日本版フェアユース」の議題は前回で収束したかにみえた。ところが、十月十四日の第八回会合に、芸団協の椎名が再び参考人として呼ばれた。「日本版フェアユース」の報告書をまとめるにあたって権利者からの意見を聞くために、関係七団体を代表して椎名がもう一度呼ばれたのだ。

椎名は、フェアユース規定を設けると確信犯的な侵害が増え、司法に判断を委ねる必要性から権利者の負担が増大する、一般的な規定でなくても従来の個別列挙型の制限を増やすことで、フェアな利用に対応できるのではないかと述べた。さらに椎名は、調査会の委員に権利者側の人間が選ばれておらず、最初からフェアユースありきで話が進んできたことへの不満も口にした。実際にフェアユースが導入されても、いままで黒だったことが白になることはないはずだが、それでもそんなに心配なのかという委員の問いには、裁判の場に判断の重心が移ることによるコスト増の懸念があると、椎名は答えた。

第九回の会合は十月二十九日に開催され、そこで報告書の案が事務局より示された。そこには「権利者の利益を不当に害しないと認められる一定の範囲内で、公正な利用を包括的に許容し得る権利制限の一般規定（日本版フェアユース規定）を導入することが適当である」の文言が入った。意見交換のなかで留意事項などの表現が一部修正され、報告書案はパブリック・コメントにかけられた。「日本版フェアユース」部分については、四十五の企業・団体と四十九名の個人からの意見が寄せられた。企業・団体の意見には主だった権利者団体に加えて、アマゾンジャパン、マイクロソフト、ヤフーなどのＩＴ企業や「インターネット先進ユーザーの会」などのユーザー団体、さらには「日本たこやき協会」なる団体からも傾聴に値する意見が来た。だが権利者団体が数で勝るため、全体としては「日本版フェアユース」には慎重な審議を求める結果になった。

十一月二十七日の第十回会合でパブリック・コメントの結果が審議され、若干の文言変更を加えた報告書が確定した。専門部会の結果は翌年の「知的財産推進計画二〇〇九」に反映され、「権利制限の一般規定(日本版フェアユース規定)を導入する」が国の重点施策のひとつに入り、それが事実上の既定路線になった。

議論は文化審議会へ

知財本部の出す方針は、日本の知財政策が進むべき方向を指し示すものではあっても、そのための法整備がすぐに確実に行われることを意味しない。現に、著作権保護期間延長は「知的財産推進計画」に入ったが、ユーザー側の運動によって文化審議会でひっくり返されていた。「日本版フェアユース」を実現するには、文化審議会著作権分科会で合意する必要があった。もちろん、文化審議会を通さない議員立法もあり得たが、フェアユース推進派は誰もそういう手段を取らなかった。

フェアユース問題は、二〇〇九年度の著作権分科会法制問題小委員会の検討課題になった。その小委員会で、保護期間延長問題のときと似たことが、ユーザー側と権利者側とで立場を変えて起こった。

法制問題小委員会では、かなり専門的な議論が必要な課題が話し合われるので、著作権法の専門家を中心に委員が選ばれる。その委員選任の傾向は、知財本部の専門調査会と似ている。著作権の学界はそれほど広くはないので、必然的にいろいろな委員会におなじ名前が並ぶことになる。

二〇〇九年度当初の法制問題小委員会の委員は十八名で、知財本部の専門調査会と比べると立教大学の上野達弘、東京大学の大渕哲也、そして明治大学に移っていた中山信弘が重複している。委員のなかでは、弁護士の松田政行の名前が目を引く。松田は、著作権法については中山と並びうる大家で、これまでのさまざまな委員会でふたりは意見が対立していた

この小委員会の構成で、もうひとつ留意しておかなければならないことがある。それは、前期まで主査を務めていた中山がその座を一橋大学の土肥一史に譲り、一委員として自由に発言できるようになったことである。さらに重要なこととして、かつてはフェアユースに消極的だった中山が、この頃までには見解を改め、積極推進派に変わっていたことだ(7)。この自由な中山の存在が、小委員会をほどよく盛り上げることになる。

文化庁はこの小委員会に先立ち、上野達弘を委員長とする「著作権制度における権利制限規定に関する調査研究会」を二〇〇八年十二月に発足させ、取りまとめを三菱UFJリサーチ＆コンサルティングに依頼していた。その報告書「著作権制度における権利制限規定に関する調査研究」は〇九年三月に公開された。世界のフェアユースの動向について日本語で読める専門的な文献としては、これがもっとも良質なものになっている。デジタルコンテンツ協会も、同様の問題意識にもとづく報告書「コンテンツに係る知的創造サイクルの好循環に資する法的環境整備に関する調査研究　日本版フェアユース規定に関する調査研究」を〇九年三月にまとめた。また、徳島大学の泉克幸を委員長とする「フェアユース研究会」も、〇九年一月から四月にかけて研究会

を行い、具体的な条文の試案まで作った成果を翌年三月に出版した。(8)「日本版フェアユース」に向けた研究は、着々と進んでいた。

二〇〇九年度の法制問題小委員会の第一回と第二回は、論点の確認と上野研究会の報告書の内容をメンバーから聞き取ることに費やされた。第二回の最後には利害関係者からヒアリングする事項を確認し、次回からは各種団体の代表者を参考人として招くことにした。

この小委員会の議事次第では、「日本版フェアユース」の語は使われず、「権利制限の一般規定」の表記で統一されている。意味するところのあいまいさを避けるためだったのか、あるいは「日本版フェアユース」だと権利者を刺激しすぎると文化庁が考えたのか、真相はわからない。

二〇〇九年七月二十四日の第三回会合には、主に法曹界とユーザーの団体が呼ばれた。日弁連の椙山敬士と龍村全は、一般的・包括的な権利制限規定を設けるべきだとの意見を述べた。案件によっては日弁連内で意見が割れることもあるが、この件はすんなりとまとまったという。つづいてデジタルコンテンツ協会の大橋正春は、「日本版フェアユース」の可能性を調査し、三月に取りまとめた八十四頁にわたる詳細な報告書を紹介した。賛成・反対のどちらということではなく、もし導入するならば検討すべき課題を整理したものだった。

(7) 中山信弘『著作権法　第二版』有斐閣、二〇一四年、三九五—三九六頁、脚注二一九。
(8) フェアユース研究会『著作権・フェアユースの最新動向——法改正への提言』第一法規、二〇一〇年。

つぎに、「著作権保護期間の延長問題を考えるフォーラム」から、弁護士の福井健策と三菱UFJリサーチ&コンサルティングの太下義之が意見を述べた。そして、保護期間延長問題の討論のなかで浮上していたフェアユース導入論を紹介した。

この日はあと、中山が会長を務める「デジタル・コンテンツ利用促進協議会」と、「ネットワーク流通と著作権制度協議会」の、法律家が集まるふたつの協議会からも代表者が意見をいい、どちらも導入には賛成ないし条件付きで前向きの立場をみせた。前者の報告のなかで、米国においてフェアユースの恩恵を受けた産業の売上高が二〇〇六年度で四兆五千億ドルに達し、米国GDPの約六分の一を占めているとの「コンピュータ・通信産業協会」の試算が紹介された。これには委員の松田が数字の根拠に異論を挟み、あたかもフェアユースがあれば日本でも同様の経済効果があるかのように思わせるのは、議論をミスリードするものだと指摘した。

全体討論のなかで目を引くのが、中山と松田のやり取りだった。中山はつぎのようにいう。日本で新しいビジネスのアイデアが生まれても、法的な手当に時間がかかってしまえば国民は米国のサービスを利用するようになる、検索サービスがそうだった、フェアユースはそれで何が起きるかわからないのが妙味だと。松田はそれに反論し、たしかに検索サービスのための法改正に時間がかかったのは事実だが、日本のビジネスが立ち後れたのは法が整わなかったせいではない、何が起きるかわからない改正をするのは無理だと、反対の立場をあきらかにした。フェアユースをめぐっても中山と松田が対立していることが、小委員会で鮮明になった場面だった。

反撃開始

八月二十五日の第四回会合からは、権利者団体等を呼んでのヒアリングがはじまった。まず経団連は、個別制限規定を増やしたことでネット検索がすでに合法化されたので、権利制限の一般規定を置く必要はなくなったといった。

つぎは、日本音楽著作権協会など音楽関連六団体の番になった。彼らは「権利制限の一般規定」には反対すると述べた。いくつかあげた理由の第一は、現行の個別権利制限で問題が起きてはいないことだった。その他の理由として、この規定が導入されると拡大適用されて権利侵害が増える恐れがあるともいった。さらに重要な見解として、法定損害賠償制度がないのに「権利制限の一般規定」のみを導入するのは、公平性を欠くとも主張した。

フェアユースと法定損害賠償制度がバランスするものだと、音楽の権利者団体が自ら主張した。逆にいえば、法定損害賠償制度を導入するならば、利用と保護のバランスのためにフェアユースが必要ということになる。権利者側がこのようなロジックを展開したことは、ＴＰＰによる法定損害賠償制度導入を考えるさいに忘れてはならない。

つぎは文芸関連団体が意見陳述をする番になった。日本シナリオ作家協会は「導入は非」、日本文藝家協会は「反対する」、日本ペンクラブは「慎重審議をお願い」、日本脚本家連盟は「いかなる内容であっても反対」、日本推理作家協会は「疑問と不安を覚える」だった。強硬な反対論まで出て来たことに対し中山は、権利者の利益を不当に害するものがフェアユースになるはずがないのだがと、怪訝な様子をみせた。

つづいて、障害者放送協議会は「是」、電子情報技術産業協会（JEITA）は「賛成」、日本図書館協会は「支持」を表明した。松田はJEITAに対して、フェアユースがないために国内で事業化できず海外でできた具体例を示せと再三迫った。JEITAの榊原美紀は、そうした事例はあるが再企画する可能性がある企業秘密なのでいえないと突っぱねた。

こうしたヒアリングは第五回・第六回の会合でも行われた。日本映画製作者連盟ほか映像関係六団体は「非」、日本書籍出版協会・日本雑誌協会も「反対」、日本美術家連盟・日本漫画家協会などの視覚芸術系四団体も「全く容認することができず、反対」、日本児童出版美術家連盟も「全く必要ない」、コンピュータソフトウェア著作権協会とビジネス・ソフトウェア・アライアンスも「反対」、日本新聞協会は「否定的な意見が大勢」、日本放送協会（NHK）は「検討の余地はある」、日本民間放送連盟は「まずは個別規定で」との意見だった。コンピュータソフトウェア協会とモバイル・コンテンツ・フォーラムは賛否を留保した。

一方で、「インターネットユーザー協会」（MIAU）は「速やかに設けるべき」、日本知的財産協会も「導入すべき」、アマゾンジャパン、グーグル、ニフティ、ヤフーのIT四社は「導入する必要がある」と述べた。

これらのうち、MIAUの津田大介の意見をめぐって、松田と中山が再び対立した。ユーザーの要望として録画代行サービスのようなものはほしいし、そういったサービスが権利者の利益を不当に害しているとは思えないと津田は語った。それに対して松田は、その種のサービスには裁判で違法とされたものもあるので、会社内でのコピーのような「形式的違法」の議論とおなじに考えるわけにはいかないと意見した。それに対して中山は、いや録画代行サービスも会社内のコピーも、どちらも「形式的違法」の問題であって、実質的に権利者の利益を害しないものをフェアにしようという議論なのだと異論をいった。松田はさらに、判例で違法になっているものをフェアユースで適法化することには十分注意すべきだといい、中山は現在の個別制限規定は全部残すことが知財本部のコンセンサスだと応じた。

また、クリエイティブ・コモンズ・ジャパンは、ＷＥＢによるアンケート調査の結果を提出し、文化庁の担当者がそれを紹介した。有効回答数は九百十二件で、違法とされる利用でもユーザーがフェアだと考えるものが複数あること、クリエイターとそうでないひととで利用がフェアか否かの判断にほとんど差がないこと、フェアであるか否かの判断にあたっては新たな創作性を付け加えているかを考慮することが支持を集めた、などを結論にしている。賛否は示さず、ネット世論を中立的な立場で探ろうとする報告だった。

限定されていった問題点

以上で利害関係団体からのヒアリングは終了した。そこで出て来た意見を分類すると、おおよそつぎのようになる。

導入に肯定的な意見
・より柔軟な規定を設けないと著作物の円滑な利用がはかれない。
・会社内でのコピーのような形式的侵害を違法にしておくべきでない。
・個別制限規定を時代に対応させるには時間がかかりすぎる。
・個別制限規定の解釈論もしくは改正では限界がある。
・消費増大効果が見込める。

導入に否定的な意見
・現状でも問題はない。
・改正が必要な事実がない。
・個別制限規定の解釈論もしくは改正で解決可能。
・損害回復のための権利者の負担が増える。
・法的不安定性を招く。
・拡大解釈、居直り侵害が起きる。

こうした意見を踏まえて、小委員会の下にワーキングチームを設けて検討を進めることになった。ワーキングは小委員会メンバーを中心に構成され、その座長には小委員会座長でもある土肥がなった。議事録は非公開なので様子をうかがい知ることができないのだが、二〇〇九年十月から十二月までのあいだに八回もの会合を持ち、集中的な議論をした様子がわかる。

そして二〇一〇年一月二十日の第七回小委員会で、ワーキングチームでの検討結果が報告された。ワーキングでは立法事実が何なのかを最重要課題に据え、これまでのヒアリングで出て来た百余りの利用行為を、①いわゆる「形式的権利侵害行為」、②「形式的権利侵害行為」か否かはともかく権利者に特段の不利益を及ぼさないもの、③既存の個別規定の解釈で解決可能なもの、④福祉や教育など特定の利用目的を持つ利用、⑤その他、の五種類に分類した。そのうえで、仮に権利制限の一般規定を導入しても、それで居直り侵害が増加するとの指摘には明確な結論は出なかったとも報告された。

具体的に「権利制限の一般規定」にあたるのは、これらのうちの①と②だとし、①はA類型、②はBとCの二類型にわけられた。整理しておくとつぎのようになる。これらの三類型は、以後の議論で再三言及されるので記憶されたい。

A類型：「その著作物の利用を主たる目的としない他の行為に伴い付随的に生ずる当該著作物の利用であり、その利用が質的または量的に社会通念上軽微であると評価できるもの」（例）

写真や映像の撮影に伴ういわゆる「写り込み」。

B類型：「適法な著作物の利用を達成する過程において不可避的に生ずる当該著作物の利用であり、その利用が質的または量的に社会通念上軽微であると評価できるもの」（例）CDへの録音許諾を得た場合におけるマスターテープ等中間過程での複製、教科書作成過程での複製等。

C類型：「著作物の表現を知覚（見る、聞く、読む等）するための利用とは評価されない利用であり、当該著作物としての本来の利用とは評価されないもの」（例）技術検証のための複製等。

ワーキングチームが採った、ヒアリングで出た意見から立法事実を抽出する手法は、現実的な方法ではあっても決定的な欠陥があったのではないだろうか。違法となるようなチャレンジングなビジネスは、日本では生まれにくい風土があるのだから、現に起きた事実ばかりを集めてみても、将来登場するかもしれないビジネスを邪魔しないための「積極的なフェアユース」への処方せんは出てこないだろう。必然的に、会社内でのコピーや写り込みのような、「消極的なフェアユース」に問題が限定されることになってしまった。これが、「日本版フェアユース」が「日本版フェアユースの残がい」へと変わった、ひとつの遠因だったと思う。

一月二十日の小委員会には、日本文藝家協会・日本写真著作権協会など六団体の連名による意見書が、再び提出された。そこには、会社内でのWEBページの無断印刷ですら「被害甚大」であって、裁判でも違法が確定しているから「改めて反対を表明する」と書かれてある。「消極的なフェアユース」にも反対して、「日本版フェアユース」を徹底的に潰そうという意図だ。

再度のヒアリングへ

二〇一〇年度の法制問題小委員会は、まだ年度が変わらない二月十八日にはじまった。第一回と第二回にわたって、ABCの三類型をどう明確にし、どこまでを「権利制限の一般規定」に含めるかに議論が集中した。そしてまずはA類型を含めることに合意した。第三回と第四回はBC類型を中心に議論し、中間報告書の文言が整理されていった。そうして出来上がった「権利制限の一般規定に関する中間まとめ」は、パブリック・コメントにかけられ、四十七の団体と四十七名の個人からの意見が寄せられた。著作権についてのパブリック・コメントでよくあるように、実数は多いはずの個人ユーザーには専門的すぎて意見を出すハードルが高く、団体数で勝る権利者側が多くの反対意見を寄せる結果になった。

七月二十二日の第六回会合で、パブリック・コメントの結果について意見が交わされた。批判的な意見が多く出たことを受け止めながらも、フェアユースの語を安易に使ったことへの反省や、フェアユースを持たないことによる萎縮効果があるという立法事実を示すことは難しい、といった意見が出された。とくに松田は、A類型の実例が「写り込み」しかないので、それを個別制限規定に加えたら済むのではないか、ＢＣ類型の立法事実も限られているのではないかと主張した。そして小委員会は、パブリック・コメントを寄せた団体からいくつかを選んで、再度のヒアリングをすることに合意した。

ヒアリングは、八月三日の第七回と五日の第八回会合で行われた。各団体の意見を大胆に簡略化すると、つぎのようになる。

○賛成・基本的に賛成の団体
日弁連：ＡＢＣ類型とも異論なし。
ネットワーク流通と著作権制度協議会：Ａにはほぼ異論なし。Ｂには大半が異論なし。Ｃについては各事案について検討が必要。
電子情報技術産業協会：ＡＢＣとも賛成するが、一般規定の性格が失われないように。

○これでは不十分とする団体
デジタル・コンテンツ法有識者フォーラム：ＡＢＣだけでは不十分。

日本知的財産協会：ＡＢＣすべてに賛同するが、それでも一般規定としては限定的。

クリエイティブ・コモンズ・ジャパン：三類型にのみ限定するのは今回の立法趣旨にそぐわない。

○意見を集約できなかった団体
経団連：団体内で見解がわかれた。

○反対の団体
日本新聞協会：権利制限の一般規定導入に改めて反対する。

日本書籍出版協会・日本雑誌協会：一般規定の導入は不要。Ａは現行法で対応可能。Ｂは許諾ベースで。Ｃは個別規定で対応すべき。

日本音楽著作権団体：導入の立法事実はない。Ａは個別規定で。Ｂは契約で対応すべき。Ｃは拡大解釈の恐れあり。

芸団協・日本レコード協会ほか二団体：一般規定の導入には反対。Ａは「軽微」の基準を明確に。ＢＣについては「権利者に特段の不利益を及ぼしていない利用」は権利制限を正当化する理由とはなり得ない。

日本映画製作者連盟ほか二団体：「映画の権利者は、権利制限の一般規定導入に対して一貫して反対しています。」Ａについては映画では「写り込み」は基本的に発生しない。Ｂについては非営利上映は現状において適法といえるのか。Ｃについては技術開発と称してネットに映画がばら撒かれる恐れがある。

コンピュータソフトウェア著作権協会：一般規定の導入には反対。ＡＢは個別的規定で対応できる。Ｃはどのような行為が当てはまるのか判然としない。

ビジネス・ソフトウェア・アライアンス：各類型にはコンピュータ・プログラムが含まれないことを明記すべき。ＡＢについては、コンピュータ・プログラムには該当しない。Ｃは曖昧で予測不能。

権利者団体は、「権利制限の一般規定」を類型にかかわらずほぼ全否定した。賛成ないしこれでは不足とする意見は、あいかわらず少数派だった。この結果、最終報告書には権利者団体の懸念を書き加えていかざるを得なくなった。

そして骨抜きに

第九回の小委員会は、第4章で述べるＡＣＴＡの流れを受けた、アクセス・コントロール回避規制に集中した議論が行われた。そして十一月二日の第十回会合でヒアリング結果のまとめと報告書の主要部分の書きぶりの確認があり、二〇一一年一月十七日の第十一回会合で他の案件も含めた報告書案が承認された。

法制問題小委員会の報告書では、「権利制限の一般規定」をめぐっては利用者側と権利者側の意見に大きな隔たりがあることを認めたうえで、Ａ（著作物の付随的な利用）、Ｂ（適法利用の過程における著作物の利用)、C(著作物の表現を享受しない利用)の三類型を、「一般規定による権利制限の対象と位置付けることが適当」だとした。

報告書は、翌週二十五日の文化審議会著作権分科会に提出された。分科会には土肥、中山、松田らに加えて、権利者団体の理事クラス以上の人間が委員に多数入っている。彼らがどのような意見をいうか注目された。

著作権分科会では、「権利制限の一般規定」について委員の意見を聞くまえに、文化庁次長の吉田大輔が法制化にあたっての考え方を説明した。それらは、第一に条文化するさいには関係者の意見を十分に聞くこと、第二にガイドライン的なものを作って趣旨を周知すること、第三に必要に応じて個別規定を新設すること、第四に権利処理や課金が行われたうえでの利用は一般規定の対象にしないことだった。

中山は、検索サービスについては別の法改正で対応したが、もしそうでなければC類型に入るのかと尋ねた。文化庁著作権課長の永山裕二は入ると答えた。日本レコード協会会長の石坂敬一は、吉田次長の説明に賛成したうえで、条文の要件を可能な限り明確にすること、趣旨を国民に周知させること、居直り侵害に備えて法定損害賠償制度の導入を検討してもらいたい、の三点を要望した。協会として反対を打ち出していたにしては、マイルドな意見だ。

松田は、これで著作権を気にせず何でもできるようになる改正ではないとしたうえで、コンテンツ流通促進のための審議をさらにつづけなければならないといった。日本写真著作権協会常務理事の瀬尾太一は、吉田次長の説明に安心したといい、条文の規定を慎重に考えるよう求めた。

日本新聞協会新聞著作権小委員会幹事の山浦延夫は、個別規定や契約で済むことなので、一般規定はゼロベースで考え直してもらいたいと、強硬な姿勢を崩さなかった。したがって、フェアユースについての新聞報道には、バイアスがかかっていると考えなければならない。

音楽著作権協会理事のいではくも、吉田の説明に安心したといい、とくに反対しなかった。日本文藝家協会副理事長の三田誠広は、大変制限された内容になったが、これは著作権者にとっては大きな一歩を踏み出すことになるのだと理解してほしいと語った。日本書籍出版協会副理事長の金原優は、小委員会のヒアリングでは強い反対を唱えていた。しかし、この著作権分科会では、三類型からはみ出さないような条文にしてほしいと妥協した。最後に、報告書案は全会一致で承認された。

結果として、日本新聞協会以外の権利者団体は、ヒアリングのときよりもずいぶんと柔軟な態度になっていた。ここからは推測になってしまうが、どうも権利者側は要求を「ふっかけて」いたような気がしてならない。「日本版フェアユース」の大看板が矮小化されて三類型に落とし込まれた時点で、権利者が強く反対するほどの劇的な改革にはなっていなかった。それでもA類型の「写り込み」のようなものにすらあえて反対を唱えて、フェアユースが二度と浮上しないよう、封じ込めたかったのだろう。そして、彼らの戦術はまんまと成功した。

そこからの具体的な法案作りは文化庁と内閣法制局の仕事で、審議会は関与しない。「権利制限の一般規定」は、最終的に「いわゆる「写り込み」等に係る規定の整備」と括られ、つぎのような内容の四つの個別制限規定に化けて条文に落とし込まれた。

A類型↓「付随対象物の利用」（第三十条の二）：キャラクターが背景に写った写真をブログにアップするなどの場合。

B類型↓「検討過程における利用」（第三十条の三）：商品企画などのさいに社内で作るコピーなど。

C類型↓「技術の開発又は実用化のための試験の用に供するための利用」（第三十条の四）：機器の開発のさいに著作物を試験的に利用する場合など。「情報通信技術を利用した情報提供の準備に必要な情報処理のための利用」（第四十七条の九）：ネットサービスにおいてデータ処理速度を高める等の目的で行う複製。

もはや、フェアユースの香りが少しもない「残がい」に成りはてていた。「日本版フェアユース」の議論に最初から関わっていた中山は、著書でつぎのように悔しさをにじませている。

平成24年に成立した改正法は、知的財産推進計画からトーンダウンしている審議会報告からさらにトーンダウンされ、4箇条の個別的制限規定に分解されて規定されているが、いかなる理由で審議会報告からこのような条文になったのかは不明である。……現実の立法は新たに4箇条の個別規定が作られ、最早フェアユース規定と呼べるようなものではなく、「名も実も捨てた」フェアユースと言うべきであろう。……今回の改正は余りに細かな要件を定めているため、今回の改正がなければ解釈によって救済できる余地があったものについてまで違法としてしまう可能性があり、フェアユースの思想とはベクトルが逆である。今回の改正はフェアユースの導入という議論から始まったが、結果的にフェアユースとは正反対のものとなっている。(9)

審議会報告と法案の違いについては、改正法成立後に日弁連から意見書が出されている。(10)それによると、二〇一一年十一月十五日時点の文化庁原案では、一箇条の「権利制限に係る一般規定」になっていた。それが内閣法制局の審査過程で、四箇条の個別制限規定に変えられた。日弁連は法制局での法令審査の文書を開示請求したが、具体的な修正過程はほとんどわからなくされていたという。内閣法制局は、二〇一四年七月に集団的自衛権の憲法解釈を変えたさいの記録を残していないことでも問題になった。フェアユースの一件もまた、法制局の闇をみせつけられた出来事だ。

こうして「日本版フェアユースの残がい」は、国立国会図書館による図書館資料の自動公衆送信等についての改正や、第4章で述べるACTAと関連したアクセス・コントロール回避規制なgどとともに、ひとつの著作権法改正案にまとめられ、閣議決定される運びになった。しかしこのときは、改正案が国会で審議されるときに、「違法ダウンロード刑事罰化」が自民・公明の議員によってねじ込まれることになるとは、誰も予想しなかった。

（9） 中山前掲書、三九九—四〇〇頁。
（10） http://www.nichibenren.or.jp/library/ja/opinion/report/data/2013/opinion_130620_2.pdf

第3章　ロビイングのままに——違法ダウンロード刑事罰化

違法ダウンロード「違法化」のおさらい

違法ダウンロードとは、インターネット上のサーバーに違法にアップロードされた音楽と動画を、それと知りながらダウンロードしてパソコンなどに保存することをいう。違法ダウンロード「違法化」とは、刑事罰を付けないことを条件にそのようなダウンロードを違法にしたもので、二〇一〇年一月一日施行の著作権法改正で実現した。ストリーミング放送を視聴するさいにも、実はダウンロードと一時的な保存が自動的にされているのだが、それはここでいう違法なダウンロードには含まれない。

それ以前には、どのようなコンテンツをダウンロードしても違法ではなかったのだ。著作権を侵害するアップロードはすべて違法なので、ネット上の違法コンテンツは、アップローダーをきちんと取り締まることで減らせたはずだった。ところが、違法ダウンロード「違法化」によって、ダウンローダーにも規制がかかることになった。

現時点での違法ダウンロードの概念には、二つのポイントがある。第一に、対象が音楽と動画に限られることだ。文章や写真、絵画などは含まれない。その理由は、違法ダウンロード「違法化」を強く推し進めたのが音楽と映画の業界団体だったからだ。第二に、そのダウンロードは違法にアップロードされたものと知りながら行われていなければならない。「よくわからないけど違法かも」と思いながらダウンロードした場合は、「未必の故意」にあたり、罪を逃れられない。

しかし、世の中には合法にアップロードされた音楽・動画もたくさんある。それをユーザーはどうやって見分けたらよいのだろうか？　適法コンテンツを示す「エルマーク」を普及させるので、誰でもかんたんに見分けられるようになると、音楽・映画業界は説明した。しかし、残念ながら「エルマーク」は一般に認知されているとは言い難い。

違法ダウンロード「違法化」の流れは、二〇〇六年から〇八年にかけて、私的録音録画補償金制度の見直しが目的の委員会のなかで出来上がったものだった。権利者を代表する委員が補償金制度の維持を主張して委員会が紛糾するなかで、本来の目的とは異なる違法ダウンロードの問題に議論がすり替えられた。そして、根拠の乏しい数字が「被害の実態」としてひとり歩きし、ユーザー側からの異論を圧殺する形で法改正が実現した(11)。その法改正のさい、権利者側も権利者側を支持した法学者も同意した重要な前提条件があった。それは、この罪には刑事罰を付けないことだった。

ところが、改正法が施行されてから一年と少ししか経たないうちに、その前提をなし崩しにしようとする動きが顕在化した。その背景には、日本の音楽ソフト市場の凋落ぶりがあった。二〇〇二年には生産実績ベースで四千八百十五億円だった市場が、一一年には音楽配信の売上げを入れても三千五百三十九億円にまで落ちていた。一〇年に違法ダウンロードを違法化してからも、下落は止まらなかった。業界はこれを、違法ダウンロードが依然として横行しているからだと考えた。

俳優の義侠心

俳優の杉良太郎は、二〇一〇年十月はじめに音楽業界人とベトナムを訪問したときに、音楽の違法ダウンロードによってCDの売り上げが激減し、一年で七千六百億円の損失が出ていると、その人物から聞かされたという[12]。このときの杉の訪越の目的はわからないが、おそらくベトナムの市中にあふれている海賊版をみて、同行の業界人とそうした話題になったのだろう。

しかし、杉のこの回想にはあきらかにおかしな点がある。まず、音楽業界が最終的に主張した

(11) 詳細は、拙著『日本の著作権はなぜこんなに厳しいのか』(人文書院、二〇一一年) 第4章を参照。
(12) 以下、杉良太郎の回想は、スポーツ報知『杉良太郎　波乱の半生～本音で生きる～　下巻　違法ダウンロード法案への闘い』報知新聞社、二〇一四年、Kindle版、位置No.二一一―二三七。

損失額は、七千六百億円ではなく六千七百億円である。それは出版物によくある単純ミスだとしても、二〇一〇年十月時点では六千七百億円の損失額ははじかれていなかったはずだ。その数字の「根拠」とされた日本レコード協会の調査は、同年の八―九月に実施され、翌年三月に報告書にまとめられたものだからだ。杉の記憶は後付けされたものなのか、あるいは音楽業界人から吹き込まれた根拠の乏しい七千六百億の数字を信じたのか、真相はわからない。

そうした留意点をはらみながらも、彼の回想はたいへん興味深い。これは万引きとおなじなのに、罰則がないので取り締まることができないのはおかしいと、杉は心に強い問題意識を宿した。違法ダウンロードは万引きとおなじ――たいへんよく聞く、もっともらしい言いぐさだ。一般向けにはわかりやすい喩えなのかもしれない。しかし、少し法律を知っている人間ならば、物の所有権にかかわる万引きと、所有権に似せて作られた疑似所有権ともいえる著作権とをおなじに考えるようなことは絶対にしない。そうした理解は正確ではないからだ。

所有権とは物を自由に使用・収益・処分できる権利だ。ところが著作権で守られる著作物は、それを固定した媒体は処分できても、表現という無体のものを処分することはできない。リスナーの心に残り、人生の一部にもなっている音楽を、彼らの脳から消し去ることはできないのだから。著作権が疑似所有権と呼ばれるゆえんだ。違法ダウンロードは万引きと似たところはあっても、おなじではない。もちろん、だから違法ダウンロードをしてもよいというつもりはない。

つづいて杉は、映画の盗撮はすでに懲役や罰金が科せられているから、音楽の違法ダウンロードにも罰則が必要だという。映画盗撮防止法は、二〇〇七年八月三十日に施行されていた。これにより、有料で上映される映画を最初の有料上映開始日から八ヶ月のあいだ、映画館で録画・録音することが犯罪になった。

映画盗撮防止法が業界ロビイングによる議員立法で、気が付けばそんな法律ができていた、という事情はここでは不問にしておこう。公衆が集う映画館という空間での行為と、違法ダウンロードのように個人が家庭内で行う行為とを、同等と安直に考える——政界への影響力がある人物がそうした思考を持つとやっかいである。家庭内のことに公権力が及ぶ回路を増やすことの危険性に、まったく想像力が及ばないのは問題だ。

二〇一〇年十一月から杉は、「業界より頼まれもしないこと」をはじめたという。与野党議員の延べ百名に、彼の問題意識を伝えていった。「私の心にはただ業界のためというだけでなく、違法だとわかっていながら罪を犯していく人たちを何とか食い止めたいという思いがありました」と杉は回想する。ひとが違法ダウンロードという罪を犯すのを食い止めるには、刑罰を科せばよいのだと彼は考えたようだ。

犯罪を防ぐには啓蒙という手段もある。もし低所得のため正規品を買えないことに原因があるのならば、格差を是正すべきだろう。外国では低料金で音楽を聴き放題で楽しめる、Ｓｐｏｔｉｆｙが広く普及している。二〇一五年現在、そうした外国の事業は日本で展開できないでいる。何よりも、膨大な数のダウンローダーに罪を科すよりも、それよりもずっと少ないはずの違法アップローダーの取り締まりに注力したほうが、はるかに効果的なはずだ。しかも、そのための著作権法改正は一九九八年に完了している。

ロビイング

杉ははじめ、旧知だった当時の参議院議長・西岡武夫（民主党）に相談した。西岡は杉の提案に感じ入った。政治家としてこの問題を何とかするべきだと考え、他の議員への働きかけを強めた。杉のこうした動きは、日本レコード協会や日本音楽事業者協会の利益とも一致する。「業界より頼まれもしない」で杉がはじめたことだったとしても、ほどなく音楽業界団体が活動に加わったとみられる。

衆議院議員の下村博文（自民党）は、二〇一一年十二月三日のブログにつぎのように書いている。

このことで俳優の杉良太郎さんが私の事務所に早期実現の要望に来られたことがある。それからよく杉良太郎通信をＦＡＸで送ってきて下さるが、杉さんの竹を割ったような筋の通った性格と気持ちの良い男気に感動している。芸能界にも、自分のことより社会正義に燃え頑張っている人がいることは私にとって驚きだった。

業界をともなった杉のロビイング、みかたを変えれば杉を利用した業界のロビイングは、二〇一〇年冬から翌年夏にかけて盛んに行われたようだ。日本レコード協会が作成しロビイングに使ったとされる資料には、二〇一一年三月に公表した調査結果による被害額は六千六百八十三億円と、赤字で書かれてある。この約六千七百億円の被害額は、次第に「立法事実」に化け、議員らの脳を支配していく。

彼らのロビイングは功を奏し、二〇一一年夏には自民党の部会で具体的な法制化の議論があった。自民党の衆議院議員・馳浩の八月十一日のブログには、党の文科・総務・法務合同部会で私的違法ダウンロードを処罰する規定を整備することが話し合われたとある。

2年前の著作権法改正では、「私的利用に供するダウンロードまでいきなり罰則付与は、行き過ぎではないか?」と、いう声で、罰則は付与しなかった。

しかし、そういう悠長なことを言える段階ではなくなった。あまりにも有償音楽等の著作物の私的違法ダウンロードが増えた。正規ダウンロードに比べて、違法ダウンロードは10倍に増えた。それも、違法ダウンロードを行うのは、未成年者を含む青少年が多い。赤信号みんなで渡れば怖くない、だ。これはいかん。

これからは、違法なインターネット配信からの私的録音も録画も100万円以下の罰則付与となる。違法であると知っていながらダウンロードすれば、それは盗品となる。

そういう社会にしなければ。今国会中に処理できるかな?

すでに決まったことであるかのような書きぶりを、馳はしている。実際、合同部会では「音楽等の私的違法ダウンロードの防止に関する法律」の条文案も提示された。そこには、「音楽等の私的違法ダウンロードを行った者は、百万円以下の罰金に処する」とあり、これは親告罪とされている。ただし、懲役刑の記述はない。

ところが、自民党の党内調整は、彼らの思惑通りにはいかなかった。おなじ自民党の参議院議員・山本一太の八月二十六日の連続ツイートにはこうある。

平場の議論を2回(?)やっただけで自民党の関係部会を通過した「音楽の私的違法ダウンロードの防止に関する法案」には、部会の上の政策会議でブレーキがかかった。自分を含め、出席者から慎重意見が相次いだため。違法ダウンロード対策の必要性は分かるが、もっと時間をかけて議論すべき問題だ。

「音楽等の私的違法ダウンロードの防止に関する法案」は参議院から自民党の議員立法として出したいとのこと。もう一度、政策会議にかける(?)前に、参院政審で審議することに。ここでも慎重論が多かった。来週初めに2度目の議論をやるが、了承は難しいだろう。今国会中の提出は無理だと思う。

「音楽等の私的違法ダウンロードの防止に関する法案」については、公明党も「時間をかけて議論したい」という意向。民主党政権が「闇法」として出す気配もない。今国会での審議は、時間的に不可能。自民党だけが突出して、この法案を（十分な議論もせずに）国会に提出するような拙速は避けるべきだ。

山本によると、おなじ自民党の参議院議員・世耕弘成と佐藤正久も慎重な姿勢をみせた。一方で、芸能界出身の参議院議員・三原じゅん子は積極的だった。

三党合意

「音楽等の私的違法ダウンロードの防止に関する法案」とあるように、違法ダウンロード刑事罰化は当初、著作権法第三十条を上書きする特別法を議員立法で実現する方向での検討がされていた。そうした手法には既視感がある。そう、映画盗撮防止法の成功例をモデルに、おなじやり方がここでも試みられようとした。しかしそうした動きは結局、山本らの反対もあって封じられた。

そんななか、杉に感化されて法制化を進めてきた西岡が、二〇一一年十一月に急逝してしまう。

西岡から後を託されたのが自民党の参議院議員・鶴保庸介だった。二〇一二年十一月四日の鶴保のブログによると、彼は当惑しながらもその大役を引き受け、三原らと相談を進めたとある。杉は鶴保のところにもやってきて、「ぜひこれに罰則をつけ、白黒をはっきりさせてほしい！　日本に育つ子供たちの育成のためにも、政治家が間違ったことを間違えていると言えなくてどうするんですか?!」と、鶴保いわく「完全に〝遠山の金さん〟」のような演説をしたという。

二〇一二年一月にはじまった第百八十国会は、野田内閣が目指す消費増税を含む「社会保障と税の一体改革」で荒れていた。野田佳彦は三月三十日に消費増税法案を提出し、ねじれ国会のなかでそれを成立させるために、自民党と公明党の協力を必要としていた。両党は、違法ダウンロード刑事罰化を、消費増税に賛成する交換条件のひとつにした疑いが極めて強い。

三月九日の参議院決算委員会で、元宝塚トップスターの松あきら（公明党）は違法ダウンロードに刑事罰をと発言した。質問のなかで松は、その被害額は七千億円にものぼると繰り返した。日本レコード協会の調査による被害額は六千六百八十三億円なので、松は三百十億円あまりも多い額をいった。数字を丸めるにしても、少々度がすぎただろう。

四月十日の馳浩のブログには、著作権法の修正案を携え、議員会館での根回しに駆け回っている様子が書かれていた。そして四月十四日の日経新聞は、刑事罰化することに民主・自民・公明の三党が合意したと報じた。記事によると、政府が三月に提出した著作権法改正案への修正案を議員立法で提出すること、違法なダウンロードに対し二年以下の懲役または二百万円以下の罰金を科すこと、親告罪とすることが決まったという。その後の法改正はまったくこの通りに進んだことから、日経の報道は正確だったことがわかる。
しかし、その後すぐに民主党内で慎重論が強くなり、国会の動きはしばらくのあいだ止まった。民主党内で慎重論を唱えていたのは、川内博史、森ゆうこ、林久美子といった議員だった。もともと予定されていた「日本版フェアユースの残がい」を含む著作権法改正案は、三月九日に閣法として衆議院に受理されていた。会期末が六月二十一日に迫るなかで、民主党を説き伏せて動かしはじめるタイミングを自公ははかっていたのだろう。

巻き起こった反対

では、違法ダウンロード刑事罰化を実現する修正案とはどのようなものだったのか？　その中核部分を転記しておく。

私的使用の目的をもって、録音又は録画された有償著作物等の著作権又は著作隣接権を侵害する自動公衆送信を受信して行うデジタル方式の録音又は録画を、自らその事実を知りながら行って著作権又は著作隣接権を侵害する行為（特定侵害行為）を行った者は、二年以下の懲役若しくは二百万円以下の罰金に処し、又はこれを併科すること。

具体的に何がどう変わるというのだろうか？　このような文章をみせられて、すぐに理解できるひとはそうはいない。かいつまんでいってみよう。まず対象は違法にアップロードされたデジタル方式の録音か録画である。合法にアップロードされたものや、録音・録画以外の文章や写真は、私的使用のためならばダウンロードしてもかまわない。つぎに、それが違法にアップロードされたものと知ってダウンロードしたものに対象が限られる。違法かもしれないと思ってダウンロードすることは、「未必の故意」になる。

二〇一〇年の違法ダウンロード「違法化」のときに、ここまでの条件を満たす行為が違法になったが刑事罰はなかった。この修正案では、その録音・録画が有償著作物の場合、すなわち有償で公衆に提供され、又は提示されているものの場合に「二年以下の懲役若しくは二百万円以下の罰金に処し、又はこれを併科する」になる。有償著作物でない場合——たとえば無料テレビ放送されたものでＤＶＤ販売や有料ストリーミング・サービスに供されていないものは、違法ではあるが刑事罰は付かない。ややこしいこと、このうえないルールだ。

条件が複雑なだけに、違法ダウンロードをしてしまったとしても、「知らなかった」で言い逃れできそうな気もする。しかしこれは警察の捜査がどこまで及ぶのかの限界を変更することだ。誰かから通報があれば、あるいは警察がその気になれば、令状を取って家宅捜索し、パソコンを押収し、容疑者を逮捕できるようにすることでもある。たとえ無実でも一度逮捕されたら、そのひとの人生は大きく変わってしまう。逮捕されなくても警察の捜索が入ったというだけで、そのひとの評判に与えるダメージは計り知れない。だからこそ、公権力にそうした権限を与えるような法改正には、慎重過ぎるほど慎重でなければならない。

反対の声がネットのなかで巻き起こったのはいうまでもない。ネットの外の動きで目立ったのが、四月二十七日に日本弁護士連合会（日弁連）が宇都宮健児会長名で出した反対声明だった。反対の理由は、①私的領域における行為に対する刑事罰を規定するには極めて慎重でなければならない、②私的複製であっても例外的に違法とされる行為のうちダウンロードにのみ刑事罰を付けるのは刑の均衡を失すること、③違法アップロードへの罰則規定の活用や著作権教育の充実などほかに規制手段があること、などだった。

日弁連は五月八日に、この問題についての集会を開いた。注目されるのは、弁護士の松田政行が刑事罰化に極めて慎重な意見を出したことだ。松田は、二〇一〇年の違法ダウンロード「違法化」のさいに、審議会の委員として違法化を強く推進した側の人物である。審議会を回避した議員立法を権利者団体が要請したことは、立法における法の支配を回避したことになると松田はいった。今後、ユーザーが議員立法を働きかけたとしても、権利者団体はそれを阻止できないことになり、いわば禁じ手を解いてしまったことになるともいった。

津田大介と小寺信良が代表を務める「インターネットユーザー協会」（ＭＩＡＵ）も、六月四日に反対声明を出した。ＭＩＡＵのアピールポイントは、摘発されるのは子どもであること、違法・合法の区別がつかないこと、捜査権の濫用を招くこと、慎重な議論が必要なことの四点だった。

採決へのシナリオ

改正法案が衆議院に付託されたのは六月一日で、同日に文部科学委員会で趣旨説明が行われた。「日本版フェアユースの残がい」を含む闇法の著作権法の質疑終局後に、違法ダウンロード刑事罰化を追加する議員修正案を出して通すシナリオが、この頃までに出来上がっていたようだ。

そのシナリオを実行する場は、六月十五日午前の文部科学委員会だった(13)。質疑終局後に修正提案をする予定だったといっても、闇法への質疑のなかで違法ダウンロード刑事罰化のための修正部分についても議論があった。

質問に立った自民党の下村博文は、TPPの議論のなかでダウンロード違法化の全著作物への拡大と非親告罪化が求められる可能性があるが、そうした米国の要求を受けたものではない、違法化対象の拡大も非親告罪化も行われることはないと考えていると語った。また、日本レコード協会の調査をもとに、違法ダウンロードは一年間に四十三・六億ファイルで、被害額は約六千六百八十三億円になるともいい、答弁に立った平野博文文部科学大臣もその数字を否定しなかった。権利者団体の「いい値」が、そのまま国会の場で「立法事実」になった。

さらに下村は、それが捜査機関の過剰なネット介入にはつながらないこと、違法にアップロードされたものと知らないでダウンロードしたユーザーは対象にならないこと、この法律が抑止力になって業界が健全に発展する、などのことを自分の質問時間を使って説明した。
共産党の宮本たけしは、違法ダウンロード刑事罰化に「断固反対」を表明した。国家権力が私的領域に直接入り込む余地を与える修正案を、質疑終局後に提出することは言語道断だとした。そもそも、違法ダウンロード「違法化」のときには罰則は科さないことにした、それから二年しか経っていないことも宮本は指摘した。それに対して平野大臣は、技術は日進月歩だなどと答弁した。

宮本は、二年のあいだに何か事情が変わったのかという質問を、文化庁の政府参考人に投げかけた。参考人の河村潤子文化庁次長は、「御指摘の点につきましては、事情の変更はないものと承知をいたしております」と、民自公を突き放した答弁をした。さらに、この件については文化審議会の合意がないことや、有償著作物であるかないかをユーザーが判断することが困難であることも、河村は明言した。

文化庁の姿勢ははっきりしている。審議を重ねた結果、違法ダウンロード「違法化」まではやったが、刑事罰化までは合意していないので積極的には推さないということだ。その背景には、著作権法を所轄する立場からは、これを入れてしまうと第三十条の「私的使用のための複製」が

---

(13) 議事録は以下。http://www.shugiin.go.jp/internet/itdb_kaigiroku.nsf/html/kaigiroku/009618020120615006.htm

あまりにも複雑になりすぎることへの危惧もあっただろう。

宮本の質問のあと、質疑は終局した。予定通り、池坊保子、河村建夫、下村博文、馳浩、松野博一を提案者とする自民・公明からの修正案がすぐさま提出された。趣旨説明をしたのは公明党の池坊保子だった。つづいて原案と修正案を一括した討論になり、共産党の宮本が討論を申し出た。宮本は、自公の手法が強引であること、アップローダーの取り締まりを強化すべきであること、刑事罰化には文化審議会の合意がないこと、ユーザーには違法・適法、有償・無償の判断が付きにくいこと、恣意的な捜査を招く危険があることなどを主張した。

そこで討論は終結となり、起立による採決が行われ、賛成多数で可決した。法案はおなじ六月十五日の午後に衆議院本会議にかけられ、民主・自民・公明などの賛成多数で可決し参議院へ送られた。

本当の被害額は？

ここで、権利者側がいい「立法事実」にもなった六千六百八十三億円の被害額について考えてみたい。実は被害額の似たような算定方法は違法ダウンロード「違法化」のさいにも使われ、そのことは前著の『日本の著作権法はなぜこんなに厳しいのか』第4章でも指摘した。おなじ批判を繰り返すことになるが、「立法事実」にかかわる大事なことなのでお許しいただきたい。

まず根拠になった調査とは、日本レコード協会が実施した二〇一〇年度「違法配信に関する利用実態調査」である。

この調査には、対象者の選び方にまず問題がある。これは音楽の違法配信の実態を調べるための調査で、ウェブアンケートが用いられている。ひとは自分の興味のないアンケートには答えないものだ。「音楽なんて聞かないねえ」というひとは、対象に入りにくい。さらにウェブアンケートでは、どうしてもネットとの親和性が高いひとだけが対象になってしまう。したがって、この調査の対象者は、日本国民の平均的な音楽利用実態、とりわけ音楽ダウンロードの利用実態を反映するものではない。この方法では全国民に対するダウンロード利用率が実際よりも高く出てしまう。

つぎの問題点として、無料ダウンロードと違法ダウンロードの区別をあいまいに扱っている。アンケートには、正規に配信されている無料ファイルをダウンロードするのは違法ではないと但し書きをしたようだが、そもそもユーザーが違法と適法をきちんと見分けているとは思えない。無料だから違法かなと思っても、実は適法というケースだって相当あるだろう。

最大の問題点として、違法ファイルの一ヶ月あたりの平均ダウンロード数の推計がおかしい。「平均」の意味が一般によく理解されていないことを利用して、都合のいい結果を出してやろうという姿勢すら垣間みえる。平均という統計量は、データの分布を併せてみておかないと、たいへん危険なのだ。

たとえば、調査では「動画配信サイト」から違法ファイルをダウンロードした数は、ユーザーひとりあたり一ヶ月平均で三十二・六ファイルとはじいている。これは妥当だろうか？　データの分布をみてみよう。

三ヶ月に一ファイル以下	二十一・〇％
二ヶ月に一ファイル	七・六％
月に一ファイル	十九・七％
月に二―五ファイル	三十・三％
月に六―十ファイル	十一・九％
月に十一―二十ファイル	四・九％
月に二十一―三十ファイル	一・八％
月に三十一―五十ファイル	一・四％
月に五十一―百ファイル	〇・五％
月に百一ファイル以上	〇・九％
サンプル数	千五百七

この分布で、一ヶ月平均が三十二・六ファイルというのは、かなり不自然だ。詳しいことは公表されていないのでわからないが、「月に百一ファイル以上」ダウンロードする〇・九％のなか

に相当なヘビーユーザーがいて、それが平均値を高い方へと強くひっぱっているとみるべきだろう。同調査報告書にある「動画配信サイト」以外の「P2Pファイル共有ソフト」「掲示板などのサイト」等の利用者の平均ダウンロード・ファイル数と分布でも、まったくおなじ問題が読み取れる。

ヘビーユーザーには、実際に特別多いダウンロードをしたひとか、あるいは無料だからこその「お試し」聴きを猛烈にしているユーザーがいると考えられる。統計的な検定をして、そのような「はずれ値」を除去しないと、その平均値は集団を代表する値としては不適切なものになる。〇・九%にも満たないヘビーユーザーを除けば、一ヶ月平均のダウンロード・ファイル数の推定値は大幅に、おそらく十分の一程度には減るだろう。

最終的な被害額は、(①十二—六十九歳の日本の人口)×(②ダウンロード利用率)×(③平均ダウンロード・ファイル数)×(④一曲あたりの平均価格)で計算している。前述の通り、この調査方法では②と③が実際よりも高くなる。

以上のことから、音楽の違法ファイルのダウンロードによる実際の被害額は、六千六百八十三億円の数十分の一くらいとみるのが妥当だろう。

当時の日本の音楽ソフト販売と有料配信の市場規模は、約三千五百億円だった。本当に被害額が六千六百八十三億円もあったのだとすれば、業界にとっては深刻な問題だろう。しかし、違法ダウンロードがなくなれば売上げがそれだけ増えるかといえば、大いに疑問だ。違法ファイルは無料だからこそダウンロードされるのであって、有料化すれば被害額がすべて売上げに変わるはずのないことは、子どもでもわかることだ。ネット上では、音楽業界の関係者からも、六千六百八十三億円の被害なんてあり得ない数字だといった意見がみられた。

この調査は、著名な調査会社が受託したもののようだ。彼らはプロなので、ここで書いたような問題点はわかっているはずだ。だが、依頼者の性格からして、被害額を多く出すことが望まれていたのだろう。調査会社は依頼者の意向に沿った数字を出して、依頼者はそれを使って国のルールを変えようとする。だが、こんな数字が国会の場でまことしやかに披露され、それが「立法事実」になって、法律が変わってしまっていいはずがない。

「良識の府」とは

衆議院を通過するや否や、参議院文教科学委員会の議員のもとには、刑事罰化に反対する相当な量のメールやファックスが届き、電話が鳴ったと聞く。衆議院でほとんど審議されなかったぶん、参議院では審議を尽くし、「良識の府」の存在意義をみせてほしいと、少なからぬ国民が願ったことだろう。

そうした声を立法に反映させるために、いや実態をいえば反映させる姿勢をみせるために、この問題を審議する六月十九日の文教科学委員会には、四人の参考人が召致された(14)。その四人とは、慶應義塾大学大学院教授の岸博幸、日弁連事務次長の市毛由美子、弁護士の久保利英明、ＭＩＡ

U代表理事の津田大介だった。中立的な学識経験者が中心のようにみえる人選だが、そうではない。岸はエイベックス・マーケティング株式会社の取締役でもありバリバリの権利者代表である。市毛は反対声明を出した日弁連から選ばれている。久保利はおなじ法律家でも、発言をみる限り刑事罰化に賛成の立場だ。津田はいわずと知れたユーザー代表であり反対派である。これが賛成二名、反対二名のバランスを取った人選だったことは確かだ。

委員会ではまず、平野文科大臣が「日本版フェアユースの残がい」部分の著作権法改正案を説明した。つづいて、違法ダウンロード刑事罰化のための修正部分について、提案者のひとりである池坊保子衆議院議員が説明した。用意された文章を読み上げる口調は気の毒なくらいたどたどしく、あきらかに議員本人が口慣れていないことがみてとれた。

最初に質問に立ったのが、当時はまだ民主党にいた森ゆうこだった。森は党内議論のときから刑事罰化には反対していた。自身が属する小沢一郎のグループが民主党の執行部とは路線を異にしており、小沢らとともに離党する直前の時期だった。

森はまず、今回の閣法部分の法改正は、自分が法案提出時の責任者だったので、ぜひ成立を願うとした。そして違法ダウンロード刑事罰化の部分について、なぜ当初検討された議員立法でなく閣法の修正にしたのかと、ジャブを繰り出した。池坊は、二〇一〇年に違法化したときに刑事

(14) 議事録は以下。http://kokkai.ndl.go.jp/SENTAKU/sangiin/180/0061/18006190061006.pdf

罰も付けてほしかったのだと答えた。

それではなぜ前回の改正のときに刑事罰を付けなかったのかと問う森に、池坊はやや答えに窮する様子をみせた。刑事罰化は民主も含めた三党で合意しているから楽に通るはずなのに、何だか様子がおかしいと気付いたのかもしれない。そして下村博文や馳浩ら修正案の共同提案者はほかにもいるのに、自分が矢面に立たされていることに不満を感じたことだろう。

文部科学大臣政務官の神本美恵子（民主党）がそこに助け船を出し、前回の改正で刑事罰化しなかった理由を正確に答えた。理由は、個々人の違法ダウンロード自体は軽微であること、家庭内でのことには規制の実効性の確保が困難であることなどだった。ではそれから状況が何か変わったのかと問う森に、池坊は違法にしてから三年近く経ったから刑事罰を付けることは当然だ、違法ダウンロードされるファイルは年間で四十三・六億ファイルもある、悪いことをしたら罰するのは未成年者への教育にもなる、などと答えた。

違法性をどう認識するのか、恣意的な捜査のことなどについて森と池坊とのあいだで押し問答になり、最後に池坊はやや投げやりな姿勢をみせた。この法律が別件逮捕などに利用される可能性について、「池坊先生じゃなくて、ほかの方はどうなんですか。もっときちんと答えてください」と森は問うた。それを受けたのが馳浩だった。馳は、繰り返しの違法行為をさせないための教育的な配慮を条文に書いており、一罰百戒ではないという。最後に森は、これはまさに一罰百戒であり、刑事罰化しなくても啓発の方法があるのではと主張し反対だといった。

自民党の水落敏栄の質問でも刑事罰化の問題が取り上げられた。相互に了解のあるやり取りがされたなかで、下村のつぎの答弁が注目される。

今回のアメリカとのTPP交渉においても、これは我々の立場からとしても、このダウンロード違法化の全著作物への拡大、あるいは非親告罪化については、これは絶対あってはならないことであるというふうに考えております。

参考人の意見

こうした審議で午前が終わり、午後には四人の参考人の意見陳述が行われた。慶應義塾大学大学院教授で実はエイベックス・マーケティング役員の岸博幸は、違法ダウンロード刑事罰化に賛成だといった。理由は三つあり、第一は業界の利益と音楽文化を守るために不可欠だということ、第二はネットビジネスの発展のために必要だということ、第三はリアルな世界で万引きをすれば罰せられるのにネットの世界は特別だという価値観はおかしいということだった。最後に、これはやはり日本の文化を守るために必要なことだ、音楽業界の不振には違法ダウンロードが大きく影響しているから真剣に考えなくてはならないと訴えた。

日弁連の市毛由美子は、刑事罰化に反対する日弁連の見解を説明した。これまでの経緯からして刑事罰化への合意がないこと、違法化から二年ちょっとのあいだに立法事実に変化があったとは考えられないことなどをいい、私的な領域に刑事罰を導入することには極めて慎重であるべきだと主張した。刑事罰を科する前提として警察による捜査があり、権力がそれを利用する危険も指摘した。大量の違法ダウンロードがあったとして、それをすべて検挙できるはずがなく、必然的に捜査は恣意的なものになる危険性も、市毛はいった。

弁護士の久保利英明は、自身が取り組んだ総会屋対策を引きながら、刑事罰化が有効だったことを紹介した。そうした経験から、違法ダウンロードの刑事罰化は悪いことではないとの意見を述べた。

ＭＩＡＵの津田大介は、「不謹慎な金髪」を国会に呼んでくれたことに感謝しつつ、つぎのように述べた。津田は違法ダウンロード「違法化」を決めた審議会の委員だった経験から、刑事罰化はバランスが悪いと法律の専門家が判断したことを重視してほしいと述べた。実は津田は、そのときの委員会委員十八名のなかで、ただひとり違法化に反対した人物だった。その委員会で違法化を進めた有力な法律家（松田政行）ですら、いま刑事罰化に反対していることや、音楽業界が主張する六千八百億円近い被害額についても、（おそらく筆者が発信していた情報を踏まえ）学者から疑念が出ていることなどをいい、国会が自ら数字を検証しなかったことを批判した。さらに、今回の刑事罰化を機に、音楽や動画以外のコンテンツにも同様の規制がかけられるようになる不条理と危険性も訴えた。文化振興のための予算が日本は圧倒的に少なく、政治家にはほかにやるべきことがあるのではとも、津田は指摘した。

つづいて委員から参考人への質問の時間になった。最初に森ゆうこが質問に立ち、規制を厳しくしても諸外国では、とくにフランスでは業界の収益が逆に減っていることをどう考えるかと岸に尋ねた。岸は国の経済状況などいろいろな変数がからむことなので、規制を厳しくしたことが原因とは言い切れないと答えた。それならばなぜ、日本の音楽業界の低迷は経済状況のせいではなく違法ダウンロードのせいだと決め付けるのかと、筆者なら問いたくなる。森は、規制を強くしたフランスでなぜ収益が減ったのか、一度きちんと検証してみてからでもよいのではないかと指摘した。

公明党の山本博司は、抑止力の点を確認する質問をした。市毛は違法アップロードに対してすら刑事罰の執行が十分でないのでまずそちらをすべきだと答え、久保利は抑止力への信頼と必要性をいったうえで、それで業界の収益が下がるのなら音楽に魅力がないということだとつづけた。

つづいて山本は、ネットビジネスの発展と市場の公正さについて質問した。津田は、アメリカにはフェアユースがあるおかげで先進的なビジネスが育ったが、日本にはそれがないのでビジネスが阻害されているといった。それに対して岸は、ネットビジネスに有利な規定を作ることが今後のビジネスを成長させるために必要だとは思っていないと言い切った。そして、その証拠としてニコニコ動画をあげた。

全体的には岸と津田に意見の相違が多かったが、参考人同士がやり合うことが許される場ではなかった。そのほか数人の委員が参考人に対して質問を行い、この日の委員会は閉じられた。

パージと可決

馳はこの日に自身のフェイスブックに書き込みをしている。

今回の修正案でも、

「著作権や著作隣接権を守るべき!」

「罰則ありきではない。国や地方自治体による啓発、青少年への教育、事業者による防止措置、運用上の配慮、施行1年後の見直し規定を入れており、罰則化が目的ではないことは明らか。」

と申し上げるも、森さんは聞く耳持たず。

見解の違い。

民主党内のご意見も受け入れて今回の修正案を取りまとめたのであり、よっぽどそのことを申し上げようかと思ったが、聞く耳を持たない人には、これ以上何を言っても、という状況。

明日の採決で、どういう投票行動をされるか、だ。

馳は森との違いを「見解の違い」と切り捨て、民主党との合意のうえでの「出来レース」のはずだったことを白状している。そして、馳が気にした森の投票行動は、委員会ではみることができなくなる。

会期末が二十一日に迫るなか、参議院文教科学委員会は、翌二十日の午前にも開かれた(15)。冒頭で前日の委員会で厳しい質問を繰り出していた森ゆうこの辞任が報告された。森は前日夜に更新したブログで、「委員を半強制的に差し替えられた」と告白している。また、森とおなじ小沢一郎のグループに属する、はたともこも委員を辞した。

修正案を含む著作権法改正案は、委員会開会と同時に質疑終局、討論もなくただちに採決に入り、挙手により全会一致で可決した。前日の白熱した審議との落差があまりに大きく、様子をネット中継などで見守っていた国民はあっけに取られたことだろう。

つづいて民主党の鈴木寛が附帯決議案を提出した。違法ダウンロード刑事罰化については、以下のことがそこに盛り込まれた。

三、違法なインターネット配信等による音楽・映像を違法と知りながら録音・録画することの防止の重要性に対する理解を深めるための啓発等の措置を講ずるに当たって、国及び地方公共団体は、有償著作物等を公衆に提供し、又は提示する事業者と連携協力を図り、より効果的な方法により啓発等を進めること。

四、有償著作物等を公衆に提供し、又は提示する事業者は、インターネット利用者が違法なイ

(15) 議事録は以下。http://kokkai.ndl.go.jp/SENTAKU/sangiin/180/0061/18006200061007.pdf

ンターネット配信等から音楽・映像を違法と知りながら録音・録画することを防止するための措置を講ずるように努めること。

五、著作権法の運用に当たっては、犯罪構成要件に該当しない者が不当な不利益を被らないようにすることが肝要であり、とりわけ第百十九条第三項の規定の運用に当たっては、警察の捜査権の濫用やインターネットを利用した行為の不当な制限につながらないよう配慮すること。(16)

この附帯決議が付けられ、その内容が改正法の附則に盛り込まれたことが、ネットを中心とした反対運動の成果であり、「良識の府」たる参議院がみせた矜持だったといえるだろう。附帯決議も全会一致で承認され、委員会は開会からわずか六分で散会になった。法案はその日の午後に参議院本会議に上程され、附帯決議とともに賛成二百二十一、反対十二で可決成立した。ちなみに、反対票を投じた十二名はつぎの議員だった。

民主党　森ゆうこ
共産党　井上哲士、市田忠義、紙智子、田村智子、大門実紀史、山下芳生
社民党　福島みずほ、又一征治、山内徳信、吉田忠智
無所属　糸数慶子

民主・自民・公明は法案に賛成の党議拘束をかけたようだが、森はそれに逆らい、はたともこは強い危惧を持ちながらも党議決定にしたがって賛成した。

また、「日本版フェアユースの残がい」部分の改正は二〇一三年一月一日施行だが、違法ダウンロード刑事罰化部分はそれに先行して、約三ヶ月後の十月一日施行になった。修正部分の特別扱いぶりが目立つ。

杉良太郎は、法案成立の知らせをソウルで聞いた。


それから1年10か月後、韓国のソウルにいた私に電話が入ります。「衆議院通過」。3日後に「参議院通過。法案成立」。罰則懲役2年、罰金200万円。私はそのとき思わず立ち上がって「万歳」と叫びました。頼まれたわけでもない、だから余計に達成感があったのです。

一方、「業界からいくらもらって仕事を引き受けたのか」といった政治家の声は忘れません。[17]

(16) http://www.sangiin.go.jp/japanese/gianjoho/ketsugi/180/f068_062001.pdf
(17) 杉前掲書、位置No.二三二一。

「祭り」のあと

違法ダウンロード刑事罰化を含む著作権法改正案は成立したが、消費税増税をめぐって国会は荒れていた。そして、会期末の六月二十一日に会期が七十九日間延長されることが決まった。二十六日には社会保障・税一体改革法案が衆議院を通過したが、民主党の鳩山由紀夫と小沢一郎グループは反対した。小沢らは七月二日に民主党を離党し、五日に「国民の生活が第一」という名の新会派を作った。森ゆうこはたともこは、小沢と行動をともにした。

参議院の附帯決議を受けて、文化庁は七月二十四日に「違法ダウンロードの刑事罰化についてのQ&A」を公表し、啓発活動をはじめた。そこには今回の改正の経緯、有償著作物等とは何か、適法なネット送信をどう判別するのかなどが書かれ、これは親告罪だと繰り返し強調された。

八月二日に森とはたは、附帯決議と法の運用の確認のために質問主意書を提出した。十日付けの野田首相名の答弁書では、国民への周知と啓発に努めるとしながらも、違法ダウンロードの実際の数量については把握していないと明記されている。

捜査権の濫用への歯止めとしては、具体的には九月二十日付けで警察庁生活安全局生活経済対策管理官と同局情報技術犯罪対策課長の連名で、警視庁生活安全部長と全国の警察本部長に宛てた通達が出されたことがあげられる。そこにはつぎのような留意事項がある。

法第119条第3項の規定の運用に当たっては、改正法附則第9条のほか、参議院における改正法への附帯決議（別添2）においても、警察の捜査権の濫用やインターネットを利用した行為の不当な制限につながらないよう配慮することとされたところであり、本罪の捜査を行う場合にあっては、これらの点に留意して法と証拠に基づき適正に捜査を行うこと。

警察は一種の官僚機構なので、こうした上からの通達が効力を持つことを願いたいところだ。では、違法ダウンロード刑事罰化で日本の音楽業界は息を吹き返したろうか？　二〇一一年には三千五百三十九億円だった音楽ソフト市場は、翌年には三千六百五十一億円に回復したものの再び下落し、二〇一四年には三千億円を割り込んだ。本書の執筆時点で、違法ダウンロードによる検挙者はひとりもいない。

このようにして、権利者が望んだ違法ダウンロード刑事罰化は、文化庁の審議会を通すこともなく、多くの法律家や国民の反対をはねのける形で実現した。その過程でそうした流れに反発するような活動をした国会議員がいたことも確かだ。しかし残念なことに、そうした議員らの多くは、つぎの選挙で軒並み議席を失ってしまった。刑事罰化に反対したことが落選の原因ではないにしても、彼らをもてはやしたネット・ユーザーは、その事実を深刻に受け止めるべきだろう。

農業や土建に関することと違って、著作権のことはそもそも票にはならない。一定数の有権者がいる票田のようにみえるネット・ユーザー側に立ってみても、それが実際の選挙結果には結び付かない。政治家の側にしてみれば、そうした現実を突き付けられた「祭り」のあとだった。

第4章　秘密交渉の惨敗――ACTA

ACTAの淵源

ここからは、個別の外交交渉によって著作権法が変えられていく実態について述べる。この章で取り上げるのは、ACTA（Anti-Counterfeiting Trade Agreement アクタ）である。

はじめこれは、「模倣品・海賊版拡散防止条約」と呼ばれていたが、最終的には「偽造品の取引の防止に関する協定」という訳に落ち着いた。日本が提唱して米国とともに秘密で交渉を進め、最後は欧州で猛反発をくらって事実上、雲散霧消しつつある協定である。

そのはじまりは、いったいどの時点にあったのだろうか？　それを探っていくと、ある人物の存在に行きあたる。その人物とは、元通産官僚にして元特許庁長官の荒井寿光《ひさみつ》のことだ。荒井は通産省や特許庁での経験から、特許を手厚く保護することで産業を育成するプロ・パテント政策へと日本を転換することが必要だと信じた。そして官僚を退いた二〇〇一年八月三十日に、民間団体である「知的財産国家戦略フォーラム」（以下、フォーラム）を他の十人のメンバーとともに立ち上げ、その代表に収まった。

フォーラム結成の直接の契機は、二〇〇一年五月に起きた理化学研究所職員による米国からの研究資料持ち出し事件だった。米国の知財管理の厳しさと日本の甘さを思い知らされ、日本も米国のようになって世界の知財をリードするべきだと彼らは考えた(18)。

十月五日には早速、中間提言として「戦略プログラム（試案）」を公表した。そのなかで「外交戦略――日本の知財権益を守る」として、知財保護非協力国の監視・制裁を唱えている。ただし、このなかではまだ世界貿易機関（WTO）の枠組みや二国間条約の推進が有効であるとされ、ACTAのような多国間協定は念頭になかったようだ(19)。

二〇〇二年一月十日にフォーラムは「一〇〇の提言」を出した(20)。提言には政府に「知的財産国家戦略会議」を設置することが盛り込まれていた。これをときの総理大臣だった小泉純一郎が受け入れ、二月四日の第百五十四回国会での施政方針演説で「知的財産戦略会議」（以下、戦略会議）の立ち上げに言及した。同月二十五日には内閣総理大臣決裁で戦略会議が設置され、座長には東北大学総長の阿部博之がなり、十一名のメンバーのひとりに荒井も名を連ねた。この戦略会議について荒井は後に、「私が首相に提案しました。私のアイデアで間違いありません」と自負をみせている(21)。

第一回の戦略会議は三月二十日に官邸の大食堂で開催された。その席で荒井は、日本は知財後進国であることとプロ・パテントへの転換を力説し、知的財産基本法を制定するなどのプランを示した。

荒井は政府自民党へのロビイングも怠らなかった。五月十六日には自民党の知的財産関連合同会議の提言として「知財立国宣言」[22]なる文書が公表された。五月二十二日の第三回戦略会議では、「知財立国」がキーワードになった。その席で外務省が配布した資料に、海外での模倣品対策として二国間に加えて多国間の外交交渉に取り組む必要性が言及されている。[23]政府が多国間協定を意識しはじめたのは、このあたりからだろう。

七月三日に戦略会議は、最初の大きな成果物として「知的財産戦略大綱」を発表した。そこには知財立国を日本の国家戦略とするビジョンが示された。海外での模倣品対策については、「侵害国の中央政府・地方政府に対して、二国間交渉・多国間交渉を通じた働きかけを強化する」とされた。

---

(18) http://www.smips.jp/IPforum.PDF 二頁。
(19) http://www.smips.jp/IP_forum/1stNFIPSkakuron.pdf 一三―一四頁。
(20) http://www.smips.jp/IPforum.PDF
(21) http://www.motjp.com/patent/pdf/kokuryu_01.pdf 五頁。
(22) http://www.kantei.go.jp/jp/singi/titeki/dai3/s_07.pdf
(23) http://www.kantei.go.jp/jp/singi/titeki/dai3/s_04.pdf

それからの戦略会議は、知的財産基本法の具体化に向けた議論に集中していった。同法案は十月十八日に衆議院で受理され、十一月二十七日に成立、十二月四日に公布、翌年三月一日に施行された。知的財産基本法では、知的財産の取り扱いに関する国、地方公共団体、大学等及び事業者の責務を明確化し、司令塔として内閣に知財本部を設置することが定められた。

小泉は、二〇〇三年一月三十一日にあった第百五十六国会での施政方針演説で、「模倣品・海賊版対策の強化を行い、知的財産立国を目指します」と力強く宣言した。このとき、首相自身のことばで「知財立国宣言」がなされたのである。

知的財産基本法が三月一日に施行されたのを受けて、知財本部が官邸に発足した。その第一回会合は三月十九日に開かれた。本部員の多くは戦略会議からスライドし、事務局長には荒井が就任した。その知財本部に「権利保護基盤の強化に関する専門調査会」（以下、専門調査会）が設置されたのが二〇〇三年十月だった。

専門調査会の役割は、「模倣品・海賊版対策、知的財産の専門人材育成、知的財産権利化促進や司法制度等、知的財産の権利保護基盤の強化（エンフォースメント）に係る課題に関する調査・検討を行う」ことにあった。メンバーは学者、弁護士、産業界の代表ら十名で、座長には総合科学技術会議員で知財本部員になっていた阿部博之が選ばれた。

その専門調査会で、多国間の枠組みで海賊品の防止を訴えたのが、二〇〇四年二月十八日の第五回会合に参考人として出席した株式会社バンダイ代表取締役社長の高須武男だった。高須は

「ガンプラ」などの模倣品が中国で製造され世界中に出回っていることに一企業の努力だけで対抗するのは困難だとして、二国間もしくは多国間交渉を通じて政府レベルで解決してほしいと訴えた。

高須の訴えをすくい取る形で、四月八日にあった第七回会合資料「模倣品・海賊版対策の強化について（とりまとめ（案））」に、「模倣品・海賊版拡散防止条約（仮称）」を提唱することが盛り込まれた。この条約名が公式な資料に登場したのは、これが最初ではないかと思われる。したがって、ACTAの生みの親のひとつが、中国でのガンプラの模倣品だったといえなくもないだろう。しかし、ACTAでは中国を含めずに交渉が進められたので、そもそもの目的からは最初からはずれていたといえよう。

専門調査会は、五月十三日の第九回会合で「模倣品・海賊版対策の強化について（とりまとめ）」を承認した。そこに、「多国間での取組強化」として「模倣品・海賊版の拡散を防止するための条約や閣僚宣言の提唱など、模倣品・海賊版問題を積極的に取り上げて、その解決を図るための活動を活発に行うべきである」の文言が入れられた。それを受けて知財本部は、十二月十六日に「模倣品・海賊版対策加速化パッケージ」を策定した。そこでも模倣品・海賊版の拡散を防止するための条約を提唱するとされた。

二〇〇五年六月十日に知財本部が発表した「知的財産推進計画二〇〇五」には「模倣品・海賊版拡散防止条約を提唱し実現を目指す」の項目が入り、ACTAへとつながる道がここで既定路線となった。ＡＣＴＡを推進するとの一節は、その後の「知的財産推進計画」にも書きつづけられている。

そしてこの条約構想は、日本の国際公約へと変化していった。二〇〇五年七月のＧ８グレンイーグルズ・サミットで小泉首相は、模倣品・海賊版防止のための法的枠組策定の必要性を提唱した。それからは、日米共同イニシアティブとして議論をリードするとともに、関係国に働きかけをはじめた。

秘密交渉にしたのは誰か

後述するように、ＡＣＴＡは秘密交渉だったことが結果的に命取りになった。では、ＡＣＴＡを秘密交渉にしたのは誰だったのだろうか？　それを探る手掛かりとなる情報が、交渉が終わりに近付いていた二〇一一年二月にウィキリークスに流出した。[24]それは米国外交筋による二〇〇六年六月二十八日の東京発公電である。主題は「日本は海賊版対策条約（ＡＣＴＡ）の提案を支持」となっている。公電の冒頭にはつぎのような要約がある。

似た考えを持つ選ばれた国々の間で高水準のスタンダードの海賊版対策条約を模索することにより、模倣品と海賊版の拡散を抑止する世界的枠組みを推進するという日本の目指す目標に対するアメリカ通商代表部の修正提案を、日本の外務官僚は、異論なく支持すると表明。日本側は、アメリカがこの条約に正確には何を入れようとし、どのようなスタンダードをアメリカが必須と考えているのかについてより学びたいという。

公電の具体的な中身をみておこう。それによると、スタンフォード・マッコイ米国通商代表部知財執行主席交渉官は、六月十三、十四日に日本の外務省・経産省・知財本部の官僚と会談し、ACTAについての米国通商代表部の考えを説明した。マッコイは、G8やOECDの場では高水準の保護を実現することは望めないので、これら国際グループとは何ら関係のない、独立の条約であるべきだと強調した。さらにマッコイは、米国が進める自由貿易交渉（FTA）に高水準の知財保護が含まれており、そうした交渉経験が米国にはあると指摘した。

例えば米国と中米六カ国（エルサルバドル、コスタリカ、ドミニカ、グアテマラ、ホンジュラス、ニカラグア）とのFTAは、二〇〇四年八月に署名された。そこにも海賊版がネットで拡散することを防ぐ法的・技術的措置など、強固な知財保護条項がある。米国はこうしたスタンダードを、二国間・多国間のFTAに盛り込んでいた。ACTAをG8やOECDから引き離し、米国流のFTAの手法を取るよう、マッコイは日本側に迫った。それは必然的に、ACTAを米国の貿易

（24） https://www.wikileaks.ch/tag/KIPR_0.html 日本語訳は兎園のブログ http://fr-toen.cocolog-nifty.com/blog/2011/02/post-71b0.html を引用した。

交渉の文脈に引き入れることになる。貿易交渉でよく用いられる秘密交渉にすることも、この流れで合意されたのではないだろうか。

こうした米国通商代表部の提案に、日本側はどのように反応したのだろうか？　公電は、日本側の喜びと盲従ぶりを伝えている。

日本の官僚たちは、アメリカ通商代表部の提案した海賊版対策条約を支持し、異論なく感激していた。彼らは驚いていたが、強力なカウンターの提案でアメリカが答えたことについて喜んでいた。……毛利忠敦外務省国際貿易課主席課長補佐は、小泉首相が条約を提唱したＧ８の中でこの件を提起し続けることを日本政府は望んでいたが、何故それが独立の条約でなければならないのかということに関するアメリカの主張を聞き入れる意志があると発言。日本の官僚たちは、ＯＥＣＤ職員の専門知識を生かし海賊版対策条約の起草・交渉についてその手を借りたいと考えていたが、アメリカ通商代表部にはこの分野における十分な専門知識があり、ＯＥＣＤや他の国際機関を巻き込む必要はないというマッコイの明言に納得した模様。

荒井知財本部事務局長は、条約の案文か米国が行ったＦＴＡの知財条項のコピーをくれと要請した。マッコイは、「日本がこの条約に関して、アメリカをそのパートナーとして、引き続きリーダーシップを取り続ける必要があり、日本の官僚らは外交的下働きを多くしなければならないだろうと指摘」した。
それまで日本側は、ＯＥＣＤの専門家の手を借りながらＡＣＴＡを進めるつもりでいた。ところがこのマッコイとの会談を機に、米国をパートナーとして交渉を進める方向に大きく舵を切ったとみられる。それはおなじ公電中の、つぎの部分からもわかる。

日本の官僚たちは、アメリカの良く練られたカウンターの提案を受け取ったことについて心から喜び驚いているようだったが、どのように先に進むかについて不確かなようだった。明らかに日本政府の官僚たちは、条約の起草についてＯＥＣＤの専門家の手を借りることを期待しており、提案の他国との共有について日本がアメリカとともにリードすることをアメリカは期待すると数度指摘されることとなった。

もしも当初の通り、ＯＥＣＤの助言を受けながら条文を作っていたら、ＡＣＴＡは秘密交渉にはならなかったかもしれず、より多くの国々の賛同を得て発効していた可能性もある。ここがＡＣＴＡの成否の分水嶺だったといっても過言ではないだろう。
米国通商代表部は当初、後にＴＰＰで問題となる著作権侵害の非親告罪化と法定損害賠償制度をＡＣＴＡに含めようとしていた。二〇〇六年十月五日東京発の公電からは、それらを含めることによってＡＣＴＡ交渉が長期化することを日本側が恐れたことが読み取れる。

荒井寿光内閣知財本部事務局長は、職権取り締まり・非親告罪化、法定賠償と判決ガイドラインに関する法改正に日本政府としてコミットするのは非常に難しいと注意。荒井は個人的にはこれらの全ての措置を支持していたが、日本のお役所仕事の中でこれらの改正を試みるのは非常に時間と手間がかかるという。もしアメリカがこれらの法改正にこだわるようなら、実際に遅れが生じるだろうと彼は考えていた。……職権取り締まり・非親告罪化に関しては、商標については認められているが、日本政府内の議論において、著作権侵害の非親告罪化は、著作権法を見ている文化庁によって一〇年、二〇年越し否定され続けている。

非親告罪化と法定損害賠償制度は、米国コピーライト法のスタンダードである。それらをそのまま日本に入れることには、日本側は抵抗した。最終的にはこれらの条項はＡＣＴＡには入らず、米国の意図よりもマイルドな内容になった。

欧州の懸念

ウィキリークスには、東京発だけではなく他国から発信された米国公電もリークされている。それらのうち、二〇〇六年十二月一日ローマ発のものには、米国流の交渉へのイタリアの警戒感があらわになっている。イタリア外務省の担当者は、「ＷＩＰＯやＥＵのような多国間組織とＧ８へのコミットメントを強調し、イタリア政府はこれらの枠組みの外に踏み出すことには慎重でなければならないと強調」した。また、二〇〇八年十一月五日のローマ発公電では、欧州委員会の関与への反対、交渉の機密レベルに対する不満、欧州が求める地理的表示の保護を除外していることなどから、交渉には時間がかかるとの予測がイタリアにあることが報告されている。

二〇〇九年十一月二十四日ストックホルム発の公電は、ACTAの秘密主義に対するスウェーデンの強い懸念を伝えている。

スウェーデンがEU議長国である間、EUのACTA交渉代表をしていたステファン・ヨハンソンにポストが接触。秘密性の問題がスウェーデンにおける交渉を取り巻く雰囲気に大ダメージを与えたと彼は我々に告げた。全野党が、議会で、政府は知財の執行を強化しようとしていると迫って来た。これらのグループにとって、ACTA文書の公開拒否は、交渉の背後にある政治的意図について憶測を逞しくする素晴らしい政治的ツールとなった。もしこのことが世界知的所有権機関（WIPO）内で交渉されたらと批判者は言う、WIPO事務局は最初の条文案を公開しただろうと。

同公電はさらに、「交渉にまつわる秘密性により、全プロセスの正当性に疑念をもたらす結果となった」との、スウェーデン側の見解を伝えている。二〇一〇年二月十六日のマドリッド発の公電にも、「ボネット（スペイン貿易長官）は、欧州議会がACTAについてその透明性の欠如を批判し、疑念を抱いていると言及」の文言がみられる。

ＡＣＴＡ交渉がはじまったことを日本政府が公表したのは、二〇〇七年十月二十三日だった。すでに述べた通り、その時点では交渉の基本姿勢は米国とのあいだですでに固まっていて、欧州の主要国との接触もはじまっていた。日本が主導しているはずのこの交渉への日本国民の関心は低く、マスコミ報道はほとんどないに等しい状態だった。二〇〇八年六月から関係国会合がはじまり、二〇一〇年四月までに非公式のものを含めて九回開催された。会合のたびに外務省からは短い概要が公表されたが、具体的に何が話し合われているのかはわからない文言だった。

交渉内容を知る術は、しばらくはリーク文書しかなかった。まず二〇〇九年十一月に、インターネット関連部分の九月三十日時点の条文案がウィキリークスなどに流出した。二〇一〇年二月にもリークがあり、秘密交渉への疑義が世界的に広がるなか、四月にようやく英語版の条文案が公表された。その後もリークはつづき、七月と八月にも最新文書が世界中のウォッチャーの知るところとなった。

リーク文書から読み取れること

これらのリーク文書と正式公表版を読み解けば、交渉がどう進んだのかがわかる。それに加えて、日本政府が秘密交渉の内容を先取りし、国内法の整備を進めようとしたこともみえる。

二〇〇九年十一月のリーク文書のポイントは、デジタル・コンテンツへのアクセス・コントロールの回避規制とＤＲＭ回避装置の禁止、ストライク・ポリシーの導入にあった。どれも聞き慣れないことばなので、少し解説しておこう。

たとえば、市販されている映画のＤＶＤの海賊版を作る場合を考えてみよう。パソコンを使えばＤＶＤのファイルを書き込み可能型の別のＤＶＤメディアに単純にコピーすることは、簡単にできる。市販の映画ＤＶＤにはコピー・コントロールの仕組みはないからだ。しかし、そうやってコピーしたＤＶＤメディアをプレイヤーにかけても、映像を再生することができないようになっている。これは、映画ＤＶＤにアクセス・コントロールの仕組みがあるからだ。

ところが、特殊なソフトを使えば、アクセス・コントロールを解除しながらＤＶＤをコピーすることができる。アクセス・コントロールを解除されたコピーＤＶＤは、それをプレイヤーで再生できるだけでなく、それから作った孫コピーもアクセス・コントロールのないＤＶＤになる。当時の日本の法律では、コピー・コントロール外しはすでに違法だったが、アクセス・コントロール外しは合法的にできた。後者をも違法化するのが、アクセス・コントロール回避規制である。

二番目にあるＤＲＭ回避装置の禁止のＤＲＭとは、Digital Rights Management のことである。平たくいえば、前述のアクセス・コントロールやコピー・コントロールを解除する装置やプログラムを製造・提供する行為を違法にすることをいう。

三番目のストライク・ポリシーとは、違法行為を繰り返すユーザーに段階的に懲罰を与える方針のことをいう。フランスでは違法ダウンロードをするユーザーが三回目の警告を受けると、罰金とネット接続の遮断を科す「スリー・ストライク法」が二〇〇九年に成立している。ただ、今日のように生活のあらゆる場面でインターネットが必要な社会で、ネット接続を遮断されることは人権侵害になり、懲罰としてきつすぎるとの批判が高まっている。

アクセス・コントロール回避規制とDRM回避装置の禁止、ストライク・ポリシーは、二〇一〇年二月にリークした条文案にもみられる。一方、これらの規制を導入するためには、国内法の改正が必要になる。ACTAの秘密交渉に呼応するかのように、国内法改正に向けた動きもはじまった。二月十六日にあった知財本部コンテンツ強化専門調査会インターネット上の著作権侵害コンテンツ対策に関するワーキンググループ第一回会合で、早速アクセス・コントロール回避規制とDRM回避装置を頒布することの刑事罰化、ストライク・ポリシーが検討の俎上に載せられている。

ストライク・ポリシーについては、二〇一〇年七月のリーク文書には明示されておらず、この間の交渉で検討対象から外されたのだろう。さらに、八月のリークでは、「デジタル環境における執行」の章に表現の自由やプライバシーに配慮する記述がみられる。人権への配慮が入ったのはこれがはじめてで、想像するに産業保護一辺倒の勢力に対するカウンターが、欧州勢を中心に高まったのではないだろうか。

大筋合意から法改正へ

交渉のほうは、二〇一〇年十月に大筋合意し、その時点での条文案が英語・フランス語・スペイン語で正式に公表された。最終的な条文案は十一月に公開された。

形式的には日本が主導したはずのACTA交渉だが、それが合意されたことは国内では小さくしか報道されず、問題含みの交渉に対する議論は日本では起きなかった。その原因のひとつは、条文の公式日本語訳がまだ存在しなかったことにある。

アクセス・コントロール回避規制とDRM回避装置の禁止を日本に導入するには、不正競争防止法と著作権法の改正が必要だった。最終条文案の公表とともに、ACTA加入を睨んだ法改正の動きが活発化した。二〇一〇年五月の段階ですでに、「知的財産推進計画二〇一〇」にアクセス・コントロール回避規制の強化がうたわれている。十二月に開催された文化審議会著作権分科会では、法制問題小委員会での議論の中間まとめとして、ACTAを持ち出してアクセス・コントロール回避規制に言及している。

二〇一一年一月の著作権分科会の報告書には、保護手段を「技術」ではなく「機能」で評価し、DVDの暗号はアクセス・コントロールとコピー・コントロールの両方の「機能」を持つので回避規制の対象にすべきとある。この部分でもやはりACTA大筋合意内容が言及されている。

協定のほうは、二〇一一年五月一日に「署名のための開放」がはじまった。「署名のための開放」とは、協定への賛意を示す署名を各国に求める段階に入ることをいう。各国は協定に署名したあと、国内での手続きを経て批准書などを協定の寄託者である日本政府に提出する。ＡＣＴＡでは、批准書などの寄託が六カ国に達した日から三十日後に発効することが条文のなかで取り決められていた。五月一日の外務省のリリースでは、交渉には日本のほかに米国、ＥＵ、スイス、カナダ、韓国、メキシコ、シンガポール、豪州、ニュージーランド、モロッコが参加していた。無論のこと、確定した正式条文もこのときに公表されたが、依然として日本語版はなかった。

ＡＣＴＡに合わせた国内法改正では、まず「署名のための開放」とおなじ二〇一一年五月に、ＤＲＭ回避装置の禁止を含む不正競争防止法改正案が成立した。これは直接的には、海賊版のゲームソフトをゲーム機で動かすことができるようにする装置を狙い撃ちにしたもので、そうした装置を提供する行為に刑事罰が科せられるようになった。

欧州からのレッドカード

二〇一一年十月一日に、外務省飯倉公館においてＡＣＴＡの署名式が執り行われた。この頃までにＡＣＴＡの日本語名称は、仮訳ながら「偽造品の取引の防止に関する協定」となっていた。当初うたっていた「条約」ではなく「協定」となり、格が一段下がった感はある。

この日の式には、国内手続きを終えていた日本、米国、豪州、カナダ、韓国、モロッコ、ニュージーランド、シンガポールの各国代表が出席し署名した。また、それに遅れて二〇一二年一月二十六日にはＥＵ代表とＥＵ加盟二十二カ国が署名した。順調な船出のようにみえたが、その前後に欧州から火の手が上がった。

　最初のＡＣＴＡ反対デモは一月十九日にポーランドであった。二月十一日には若者らがフェイスブックなどで連携し、欧州のいくつもの都市で一斉抗議デモを行った。反ＡＣＴＡ運動のロゴマークのひとつに、日の丸を中心にした各国旗をあしらった鉢巻き姿のタコが地球を飲み込もうとする図柄もみられた（図２）。企画側の発表では二百都市のデモで四十万人が参加を表明した。実際の参加者はこの数字よりもずっと少なかったろう。それでも数万人単位のプロテスターが、反権力の象徴であるガイ・フォークスの仮面を被り、厳しい寒波に襲われていた欧州の街々に繰り出したことはまちがいない。ＢＢＣなどの欧州メディアはデモの様子を伝えたが[25]、日本の大手メディアのほとんどは、これをほぼ無視した。ＡＣＴＡ反対を欧州議会に訴える請願サイトへの署名は、二月十二日時点で二百二十万筆、最終的には二百八十万筆に達していた。欧州市民のデモは欧州議会がＡＣＴＡを否決した六月までつづいた。

　欧州でのＡＣＴＡ反対運動の背景には、直前に

図２　反 ACTA 運動のロゴマークのひとつ（Logo Stopp ACTA CC-BY 2.5 Switzerland by Piratenpartei Schweiz）

（25）http://www.bbc.com/news/technology-16999497

米国でStop Online Piracy Act（SOPA）とProtect IP Act（PIPA）というふたつの法案が、事実上の廃案に追い込まれたことがある。SOPAもPIPAも、オンライン上の海賊品などが取引され流通することを、アクセス遮断などの技術的な手段で阻止することを狙った法案だった。成立確実ともいわれていた両法案だったが、それがネット検閲につながり自由な情報流通を阻害すると、グーグル、ヤフー、ウィキメディア財団、電子フロンティア財団などが猛反対した。

二〇一二年一月十八日にウィキメディア財団などのいくつかの企業・団体が英語版ウィキペディアなどのサイトを一時的に閉鎖し、SOPA／PIPA法案が「ネットの自由」にもたらす深刻な影響を広く訴えた。この「一斉ブラック・アウト」はたいへん効果的で、各種のメディアがこれを大きく伝えた。危機感を共有した米国の市民は、電話、ファックス、メールなどで法案への反対を議員に伝えた。市民側に立つ某団体などは、自分の居住地の郵便番号をWEBページから入力すると、議会にある地元議員のオフィスに無料で電話をかけられるサービスを提供した。日本の国会議員のなかには市民からのこうした働きかけを迷惑行為のように捉える向きもあるようだが、日頃から議員と市民の距離が近い国々ではごく普通のアクションである。法案に賛成していた議員らは、こうした動きに反応し、反対に転じていった。そして一月二十日までには両法案とも、採決が無期限に延期されることになった。

欧州がACTAに署名したのは、米国でのこの騒動から一週間ほどしか経たない一月二十六日だった。米国の熱狂はそのまま欧州に飛び火し、ACTAはSOPA／PIPAに類似した内容を含んでいるとの認識が広まった。欧州でのデモも伝えられない日本では、三月に条文の正式な日本語訳がやっと公開された。

欧州サイドでACTAを推進していた欧州委員会（EUの政策執行機関）はそうした状況に危機感を募らせた。そして二月二十二日には、ACTAが欧州連合基本権憲章に反するものかどうかを、欧州司法裁判所に諮問することを決定した。その狙いは、ACTAに対する議会の投票を遅らせて、世論の沈静化を待つことにあったとみられる。

図3　欧州議会の全体会議でACTAを否決した瞬間（© European Union, 2012 — Source: European Parliament）[26]

しかし欧州議会側は、欧州司法裁判所の判断を待たずに審議を進めることを決めた。五月三十一日に三つの委員会で、また六月四日と六月二十一日にあった別の委員会の、合計五つの委員会のすべてがACTAを否決した。かたや日本では、ACTAに対応するためのアクセス・コントロール回避規制を含む著作権法改正案が六月二十日の参議院本会議で可決・

（26）http://www.europarl.europa.eu/news/en/news-room/20120217BKG38488/ACTA-before-the-European-Parliament

成立した。ちなみに、このときの著作権法改正には、第3章で述べた違法ダウンロード刑事罰化がたまたま含まれていたが、それとACTAとは何の関係もない。

ACTAへの最終的な賛否を問う欧州議会の全体会議は、七月四日に開催された。投票の結果は、四百七十八対三十九（棄権百六十五）の圧倒的な大差でACTAを否決するものになった。議場では反対派議員がそろって「ハロー・デモクラシー、グッバイ・ACTA」のカードを掲げた（図3）。EU加盟国が結ぶ国際協定には、欧州議会の同意を要するものがある。ACTAもそれに該当していた。それを否決したことによって、ACTAに署名していた欧州二十二カ国も自動的にACTAを批准しないことになった。

欧州の動きとは別に、六月に豪州議会の委員会がACTAを否決していた。欧州での否決後の七月十二日にメキシコが遅れて署名したが、議会の委員会ですぐに否決された。これら一連の否決によって、日本が提唱したこの協定は、事実上の終了となった。

海賊党の存在

ACTAが欧州で嫌われた背景として、域内各国の地方議会で勢力を伸ばしていた海賊党の存在を指摘しておかなければならない。海賊党の誕生と発展については、浜本隆志『海賊党の思想』（二〇一三）[27]に詳しいので、ここではそれを参照しながら概略を記すに留める。

海賊党はスウェーデンのプログラマー、リック・ファルクヴィンゲが二〇〇六年に作った。自身の開発したファイル共有ソフトが著作権法違反に問われ、逮捕されたのがきっかけだった。著作権法や特許法を解体し、情報への自由なアクセスを保証する過激な政策を彼は掲げた。彼の主張はネット世代の若者を中心に欧州で支持を広げ、地方議会で議席を獲得し、中央政府のネット政策にも影響を与えるようになっていった。そして二〇〇九年七月の欧州議会選挙では、スウェーデン海賊党が二議席を獲得するにいたった。

欧州のなかでは、とりわけドイツで勢力を広げた。ドイツ海賊党は二〇〇六年九月に設立され、党員数は二〇〇九年に一万人を、二〇一二年には三万人を超えた。二〇一一年九月のベルリン市議会議員選挙では、得票率八・九パーセントで十五議席を獲得した。

ドイツ海賊党の主張は、スウェーデン海賊党と同様に著作権や特許権などの知的財産権を解体し、ユーザーによる情報のダウンロードを自由にし、当局による監視を拒否する、いわゆる「ネットの自由」を広げることにある。

また、「液体民主主義」という政策決定システムを実践していることにも特徴がある。液体民主主義とは、簡単にいえば個別の政策イシューごとにネットで議論を重ね、そこでの投票結果を党の政策とする方法である。直接民主主義と間接民主主義の中間に位置付けられる方法だと、彼らは説明している。

(27) 浜本隆志『海賊党の思想――フリーダウンロードと液体民主主義』白水社、二〇一三年。

液体民主主義は、地方議会での議論のように有権者に身近な政策課題の解決方法としては優れているとされる。また、国政レベルにおいても、有権者の多様化した価値観や意見を政策に反映させることができる点で、パッケージ化され固定化したマニフェスト中心の政党政治の欠点を補いうるものだろう。しかし、外交や経済政策のように、政党が大局観を持ってリーダーシップを発揮しなければならない分野には不向きである。この政党が何をしようとしているのか有権者にはみえにくく、それが海賊党の支持が広がらない一因にもなっている。

ドイツ海賊党は現時点まで連邦議会で議席を得たことはないが、「ネットの自由」などの思想は、連邦議会で六十八議席、欧州議会で十四議席を持っていた緑の党や、その他の左翼勢力に支持され、影響が広がっていった。そうした背景が欧州議会でのＡＣＴＡ否決につながった。

反ＡＣＴＡ運動後は、海賊党の支持に広がりはみられない。海賊党の主張は、欧州議会での勝利によって緑の党などの既存政党に吸収されたのだとの分析もある。(28) 二〇一四年の欧州議会選挙ではスウェーデン海賊党は議席を失い、ドイツ海賊党が一議席獲得するに留まった。国政レベルでは二〇一三年四月のアイスランド議会選挙で当地の海賊党が三議席を獲ったが、それ以外の国では目立った躍進はない。

何が問題だったのか

ＡＣＴＡに対しては欧州で激しい反対運動が起こり、阻止されたわけだが、ではそれがもたらす問題の核心はどこにあったのだろうか？　とくに問題になった部分について、堅苦しいことばのならぶ条文をひきながらみておこう。ただし、協定の成文は英語、フランス語、スペイン語であって、政府が公表した日本語訳はあくまで仮訳でしかない。

第二章　知的財産権に関する執行のための法的枠組み

第二節　民事上の執行

第十二条　暫定措置

2　各締約国は、自国の司法当局が、適当な場合、特に、遅延により権利者に回復できない損害が生ずるおそれがある場合又は証拠が破棄される明らかな危険がある場合には、他方の当事者に意見を述べる機会を与えることなく、暫定措置をとる権限を有することについて定める。各締約国は、他方の当事者に意見を述べる機会を与えずにとられる手続において、自国の司法当局に対し、暫定措置の申立てに速やかに対応し、不当に遅延することなく決定を行う権限を与える。（傍線筆者、以後同様）

知財権侵害の発生を防止するための措置を司法当局が取ることと、双方の言い分を聞くこと

(28)　浜本前掲書、一四一頁。

（双方審尋主義）なく、権利者の申し立てだけで暫定的な措置を取る権限を定めている。これは義務規定である。この条文は、当局に都合の悪いサイトや、ツイッター、フェイスブックなどが遮断されるのではとの不安のもとになった。なお、この規定は民事上の執行についてのものなので、権利者からの訴えを受けて司法が判断することになる。

権利侵害をしている著作物「も」アップロードされていることを理由に、社会のインフラにもなっているネットサービスが遮断される心配まではしなくてよかっただろう。だが、違法ファイル専用と訴えられたサイトや、権利侵害があると訴えられた特定のブログに対して、即座に一方的に遮断を命じることができるよう、締約国に義務付けていたと解釈することはできる。思えば、初期のユーチューブは著作権侵害コンテンツばかりだった。ＡＣＴＡが発効していれば、そのような法的にグレーな新規サービスは、はじめにくくなっただろう。

また、これは大きな括りでは民事上のことなので、この規定を理由に司法の独自な判断でネットサービスを遮断できたとは考えにくい。ただし、特定のサイトを閉鎖させるために当局の側から働きかけて権利者に訴えを起こさせるような、恣意的な運用が起きる可能性はあった。

第四節　刑事上の執行

第二十三条　刑事犯罪

1　各締約国は、刑事上の手続及び刑罰であって、少なくとも故意により商業的規模で行われる商標の不正使用並びに著作権及び関連する権利を侵害する複製について適用されるものを定める。この節の規定の適用上、商業的規模で行われる行為には、少なくとも直接又は間接に経済上又は商業上の利益を得るための商業活動として行われる行為を含む。

ここは民事ではなく、警察・検察が動く刑事上の執行について定めた部分である。それには「故意」「商業的規模」の侵害という縛りがかかっている。ただし、「商業的規模」の判定基準はあきらかでない。

ACTAが締結された時点では、日本では違法ダウンロード「違法化」はすでに行われていたが、刑事罰化は見送られていた。個人が行う違法ダウンロードのように「商業的規模」とはいえない侵害は、ACTAのいう刑事犯罪には含まれない。したがって、日本で同時期に進行した違法ダウンロード刑事罰化とACTAとは関係ない。

第二十六条　職権による刑事上の執行

各締約国は、第二十三条（刑事犯罪）1から4までに定める刑事犯罪であって自国が刑事上の手続及び刑罰を定めるものに関し、適当な場合には、自国の権限のある当局が捜査を開始し、又は法的措置をとるために職権により行動することができることについて定める。

刑事上の執行について「職権により行動」するとは、いわゆる非親告罪化を意味する。この条文をそのまま日本の著作権法にあてはめるならば、親告罪を基本とするその構成に大きな変更を強いるものになる。ただし捜査当局が「職権により行動」するのは「商業的規模」の侵害に限られる。後述するように、二〇一二年七月三十一日の参議院外交防衛委員会での玄葉光一郎外務大臣の答弁では、この条項は非親告罪化にあたることを否定しなかった。しかしこの条文の実施は義務ではなく、これをもとに非親告罪化はしないと玄葉は明言した。

第五節　デジタル環境における知的財産権に関する執行

第二十七条　デジタル環境における執行

4　締約国は、自国の法令に従い、商標権又は著作権若しくは関連する権利が侵害されていることについて権利者が法的に十分な主張を提起し、かつ、これらの権利の保護又は行使のために侵害に使用されたと申し立てられたアカウントを保有する者を特定することができる十分な情報が求められている場合において、オンライン・サービス・プロバイダに対し当該情報を当該権利者に速やかに開示するよう命ずる権限を自国の権限のある当局に付与することができる。このような手続は、電子商取引を含む正当な活動の新たな障害となることを回避し、かつ、表現の自由、公正な手続、プライバシーその他の基本原則が当該締約国の法令に従って維持されるような態様で実施される。

欧州の市民デモで、ＡＣＴＡはネット監視を強化するといわれ、主な攻撃対象のひとつになった部分である。日本のプロバイダー責任制限法にある「発信者情報の開示」に相当する法整備を、締約国にうながしている。ただし、文末が「できる」となっているので、これは締約国の義務ではない。もちろん、法整備がされたらそれがその国のプロバイダーの義務になる。日本にはプロバイダー責任制限法がすでにあったので、直接的な影響はなかった。日本基準のネット規制を海外に広めようとした部分でもある。交渉過程で欧州から反発をくらったことを反映してか、表現の自由やプライバシーへの配慮は、一応みられる。

5　各締約国は、著作者、実演家又はレコード製作者によって許諾されておらず、かつ、法令で許容されていない行為がその著作物、実演及びレコードについて実行されることを抑制するための効果的な技術的手段であって、著作物、実演及びレコードに係る権利の行使に関連してその著作者、実演家又はレコード製作者が用いるものに関し、そのような技術的手段の回避を防ぐための適当な法的保護及び効果的な法的救済について定める。

注　この条の規定の適用上、「技術的手段」とは、……アクセス・コントロール若しくは保護のための加工又はコピー・コントロールの手法であって、保護の目的を達成するものを適用することにより、保護の対象となる著作物、実演又はレコードの使用を管理する場合に効果的とみなされる。

ここが、ACTAに加入するために国内法の改正が必要になった唯一の部分である。しかし先に述べたように、批准を国会で審議する時点では、不正競争防止法と著作権法の必要な改正は済んでいた。

これらの条文にもみられるように、表現に部分的なあいまいさのあったことが、欧州議会に警戒された。欧州議会が出した声明では、協定があいまいであり間違った解釈ができ、結果として市民の基本的自由を損なう懸念のあったことが否決の理由にあげられている(29)。そうした懸念が生まれた原因は、交渉を秘密にしてしまったがために、コンセンサスの積み重ねが議会にも市民にもできていなかったことにある。日本が米国と組み、秘密主義のFTAのやり方を採ったことに、ACTA失敗の根本的な原因があった。

国民の無関心

日本が「言い出しっぺ」の外交交渉の「成果」だったにもかかわらず、欧州で大騒ぎになった末に否決されたことを、日本のメディアが大きく伝えることはなかった。海外からの反発などなかったかのように、国内の批准手続きは粛々と進められた。同時にこの頃から、ACTAへの危惧を訴える国内ネット世論が高まりはじめた。国会審議は参議院が先議となり、消費増税をめぐって会期が延長されたあとの、二〇一二年七月三十一日の外交防衛委員会で議論された[30]。ところが、ＡＣＴＡは単体で審議されず、外交関係の他の三条約とともに「マルチ四法案」として一括で取り扱われた。

最初に質問したのは、自民党の山本一太だった。山本はＥＵでの否決をどう分析しているのかと切り出した。玄葉外務大臣は、欧州議会は欧州司法裁判所の判断を待つことなく否決したと前置きしたうえで、こう答えた。

　インターネットの自由とか基本的人権を侵害するといった批判が広がったことが原因なんです。ただ、これについては、後で恐らく質疑もあると思うんですけれども、我々の認識とそこは違っていて、やはり丁寧に説明をし、働きかけをしていく必要があるなというふうに思っています。（中略）現実にこのＡＣＴＡというのは、個人の正当なインターネット利用を制限したり、プロバイダーに対してインターネット利用の監視を義務付けているというわけでは実はないんですね。ただ、どうしてもそのことについての今懸念が広がって、結果としてＥＵのこ

(29) http://www.europarl.europa.eu/news/en/news-room/content/20120703IPR48247/html/European-Parliament-rejects-ACTA
(30) 以後引用は議事録より。http://kokkai.ndl.go.jp/SENTAKU/sangiin/180/0059/18007310059008c.html

ういう状況が生まれているということだろうというふうに思います。

EUの否決は過剰反応なのかと問う山本に対して、玄葉は「正しく私は理解されていない部分があるのではないかというふうに思っていまして、そういう意味で丁寧に働きかけをしなきゃいけないのではないかと思っています」と答えた。

官僚が用意した作文なのだろうが、驚くべき恥ずかしい答弁である。欧州で延べ数にしておそらく数十万人の市民が厳寒の街で繰り返し反対デモをし、欧州議会が圧倒的多数で否決した協定を、正しく理解されていないの一言で斬り捨ててしまうとは。

政府は間違いを犯さない、政府に反対する者はコトを正しく理解していないのだ、とにかく決めてしまってから（実際にする・しないは別にして）「丁寧に」説明すればよいのだ——原発再稼働、特定秘密保護法案、安全保障関連法制、TPPでも繰り返されることになるこの論法を、海外の議会や市民に向けて堂々と使ったわけだ。もっとも、日本語で行われる国会での議論が、海外のメディアで報じられることはなかったようだが。

山本が今後の方向性を問うたところ、玄葉は「やはりまずきちっと発効させて、その上で「欧州に」働きかけをしていくという方がよいのではないか」と答えた。このときにはすでに欧州ではACTAの議論を終了していた。発効させてからまた働きかけるなどとは、情勢を知った答弁とはとうてい思えない。

偽造品についての協定である以上、日本にとっては中国をこの枠組みに取り込まないとあまり意味がない。自民党の宇都隆史がその点を確認すると、昨年十月から中国との対話をはじめていると玄葉は回答した。

ＡＣＴＡに入るのに新たな法整備は要らないのかと問うたのは、公明党の山本香苗だった。玄葉の答えは、国内法で改正が必要だったのは、技術的保護手段を回避する装置の製造を規制することのみで、それは今国会の著作権法改正ですでに終えたというものだった。

つづけて山本は、個人が行う違法ダウンロードはＡＣＴＡがいう刑事犯罪の対象ではないということでいいのかと問うた。答弁に立ったのは、外務省経済局長の八木毅だった。「違法ダウンロードの罰則適用は、これはＡＣＴＡにおいては義務付けられておりません」と明言した。ＡＣＴＡで刑事罰の適用が義務付けられているのは、故意に商業的な規模で行われる違法複製であって、そうした行為への刑事罰の規定は最初から著作権法にある。

山本の質問は非親告罪化にも及んだ。刑事上の執行について、第二十六条にある職権により捜査を開始できる「適当な場合」とはどういう場合か、これは非親告罪化ではないかと問うた。八木と玄葉は、「適当な場合」の範囲は各締約国の判断に委ねられていて、日本では同条の実施のために現行の国内法を改正する必要はなく、非親告罪化を義務付けているものでもないと答えた。義務こそはないが、第二十六条が非親告罪化を意味することを否定しなかった。

山本　確認ですが、大臣、今おっしゃっていただいたように、ここをてこにして今後著作権の非親告罪のための法改正を図るようなことは考えていないということでよろしいでしょうか。
玄葉　そういうことでございます。

ＡＣＴＡを口実にして非親告罪化することも、政府にはできたはずだ。しかし、あえてその選択はしなかった。非親告罪化とは、それくらい重大な制度変更なのだということを、しっかり頭に入れておきたい。

ＥＵに対する今後の働きかけを聞いた山本に対して、八木は欧州司法裁判所の見解が出たあと、欧州委員会や各国との協議を行っていくつもりだといった。しかし実際には、二〇一二年十二月二十日に欧州司法裁判所への諮問を欧州委員会が取り下げたため、同所の見解が示されることはなくなった。

山本はＡＣＴＡに反対する立場から質問したのではなさそうだ。その証拠に、わが国としてＡＣＴＡレベルを世界のスタンダードにしていくことが大事ではと、締めくくりに聞いている。それに玄葉は、「真摯に受け止めて進めていきたい」と応じている。

「国民の生活が第一」の佐藤公治とみんなの党の小熊慎司は、ＥＵでの否決は外交上の大きな失敗ではないか、これからどうするのだと追求した。玄葉は、事前に行うべきことがあったと反省の弁を口にしつつも、協定が発効して中国が入るようなことになれば意義あるものになると、将来展望のない答弁をするに留まった。

委員会では質疑が終わると討論に入るのだが、さらなる発言者はいなかった。直ちに採決となり、「マルチ四法案」がひとつひとつ挙手採決にかけられ、ＡＣＴＡを含むすべての法案が全会一致で承認された。

法案は八月三日に参議院本会議にかけられ、賛成二百十七、反対九で可決し衆議院へ送られた。反対した議員は、「国民の生活が第一」から外山斎、主濱了、森ゆうこの三名、「みどりの風」に属する亀井亜紀子、行田邦子、谷岡郁子の三名、「新党大地・真民主」に属する平山誠と横峯良郎の二名、無所属の米長晴信だった。

「祭り」から批准へ

衆議院では、お盆休みを挟んだ八月二十九日午前の外務委員会で、法案の趣旨説明が行われた。この日の質問に立った民主党の大泉ひろこに対して玄葉は、ＡＣＴＡはネット遮断や監視をするものではないこと、非親告罪化を義務付けてはいないこと、違法ダウンロード刑事罰化とは関係ないこと、国内法の手当はすでに済んでいることなどを強調した。

お盆休みが入ったこともあり、ＡＣＴＡ反対運動が日本のネット民のあいだでもようやくのように盛り上がっていた。いわゆる「祭り」といえそうな状態だった。外務委員会委員のもとには、反対意見を述べる電子メールや電話、ファックスが連日のように大量に届いていた。とくにファックスについては、おなじ文面のメッセージが印刷され、用紙がすぐになくなって正常に使えないほどの状態だったという。[31]

こうした大量の同文メッセージは、議員にとっては「攻撃」と受け取られかねない。国民の側からのこの種の請願を効果的に行うには、自分の支持者だと議員に認知されているか否かが鍵になる。誰かが作ったひな形のコピペではない、自らのことばによるメッセージを、実名を名乗って伝えることも必要だ。

おなじ日に、参議院で野田佳彦首相への問責決議案が出され、夜に可決された。午後に予定されていた外務委員会はお流れになった。自由民主党・無所属の会、国民の生活が第一・きづな、公明党、日本共産党、社会民主党・市民連合の野党各党が欠席するなか、委員会は八月三十一日に再開された。民主党の大泉と村越祐民が国民の懸念を払拭するための質問をし、玄葉・八木らが答えた。ＡＣＴＡを含む「マルチ四法案」は、起立による採決となり「総員起立」で本会議へ送られた。

衆議院本会議で最終的に批准される直前に、外務省はＡＣＴＡについての公式見解を発表した。[32]国会での答弁内容をまとめつつ、国民からの疑義に答えようとしたものである。しかし、見解はお役所独特の言い回しが随所にみられるものなので、コメントを加えておきたい。

2（1）ＡＣＴＡでは、「表現の自由、公正な手続き、プライバシーその他の基本原則」を各国がそれぞれの法令にしたがって維持することが繰り返し述べられています。正当なインターネット利用を制限したり、インターネット・アクセスを遮断したり、インターネット・サービス・プロバイダによる監視を義務づけるような規定は含まれていません。

前半はその通りなので問題ない。しかし後半の表現には少し疑問がある。ACTA第十二条の規定で、「自国の司法当局が、適当な場合……他方の当事者に意見を述べる機会を与えることなく、暫定措置をとる権限を有すること」と定めているため、正当性が判断されるまえにネット利用が制限され、遮断されることは起こりえる。

また、第二十七条四には、「アカウントを保有する者を特定することができる十分な情報が求められている場合において、オンライン・サービス・プロバイダに対し当該情報を当該権利者に速やかに開示するよう命ずる権限を自国の権限のある当局に付与することができる」とある。プロバイダーによる監視を義務付けるような規定は確かにないが、監視で得られるのと同等の情報の提供を、必要に応じて求められるようにできる規定はある。

(31) http://internet.watch.impress.co.jp/docs/news/20120831_556512.html
(32) http://www.mofa.go.jp/mofaj/gaiko/ipr/pdfs/about_acta.pdf

２（２）ＡＣＴＡは、著作権の非親告罪化を義務づけるものではありません。また、いわゆる「違法ダウンロードの刑事罰化」は、ＡＣＴＡに規定されているものではありません。

ＡＣＴＡの条文を著作権にあてはめると非親告罪化になることを、玄葉外務大臣は答弁で否定していない。義務ではないにしても、これが非親告罪化の根拠に利用されない保障はない。後半はその通りで、違法ダウンロード刑事罰化はＡＣＴＡが求める以上の規制である。

２（４）ＡＣＴＡを締結するために必要な我が国国内法の変更は、技術的保護手段の範囲の拡大のみであり、この点については、先般成立した「著作権法の一部を改正する法律」において既に手当てされています。この点を除いて、ＡＣＴＡ締結のために国内法令を変更する必要はありません。

国内法令を変更する必要はないというよりは、ＡＣＴＡ加入のために必要な法令変更を、その理由をあまり表に出さないようにしながら、着々と進めたと理解するのが正しい。「マルチ四法案」は、九月六日に衆議院本会議にかけられ、野党欠席のなか賛成多数で可決・承認された。そして十月五日に受託書を寄託し、日本はＡＣＴＡを締結した最初で、そしておそらく最後の国になった。

ではこのＡＣＴＡは、いったいいつになったら正式に終わるのだろうか？　条文には発効条件がつぎのように書かれてある。

第六章　最終規定
第三十九条　署名
　この協定は、二〇一一年五月一日から二〇一三年五月一日まで、交渉に参加した国及び当該国がコンセンサス方式によって同意する他のＷＴＯ加盟国による署名のために開放しておく。
第四十条　効力発生
１　この協定は、六番目の批准書、受諾書又は承認書が寄託された日の後三十日で批准書、受諾書又は承認書を寄託した署名国の間において効力を生ずる。

二〇一三年五月一日までのあいだに新たに署名した国はない。批准した日本と否決したＥＵ、メキシコを除けば、判断を保留している国は米国、豪州、カナダ、韓国、シンガポール、ニュージーランド、モロッコの七カ国である。これら残り七カ国のうち三カ国で否決されたら、批准国が六カ国に達しないことになり、ＡＣＴＡは完全終了となる。
　これらのうち米国では、ＡＣＴＡによって国内法を改正する必要がないため、議会承認ではなく大統領令でよいとの立場のようだ。しかし、その大統領令が出されたとの発表はない。米国との二人三脚でACTAを進めてきたのに、日本ははしごを外された格好だ。

TPPがあるので、米国はあきらかにACTAへの関心を失っている。TPPはACTAよりも高いレベルで知財を保護するからだ。残り七カ国のうち、米国、豪州、カナダ、シンガポール、ニュージーランドはTPP参加国でもある。これらの国々にしてみれば、EUで味噌が付いたACTAなどに、わざわざ手を出す必要はないのだろう。

しかしTPPが発効した暁には、「ついでにACTAも」との動きが起こらないとも限らない。その場合には批准国が六カ国に達し、ACTAも発効する可能性がある。そのときは、EUで起きたのとおなじような市民レベルでの反対運動が、それぞれの国で繰り返されることになるだろう。

第5章　秘密交渉リターンズ――TPP

何が問題なのか

前章で述べたように、ACTAはもう終わったといえる状態だ。だが、著作権保護の強化の点でACTAの水準を超える国際協定が、二〇一五年十月五日に大筋合意された。いわずもがな、それはTPPのことである。

ここまでの章で扱ったことと比べれば、TPPのことはたいへんよく知られている。本書を手に取るような読者ならば、それが何であるかの説明は要らないだろう。すでに関連書もたくさんあり、アマゾンで検索してみると、「TPP」についての和書は、本書の執筆時点で七百五十冊以上もみつかる。もしこの問題になじみのない読者がいれば、TPPと著作権についての読みやすい良書として、福井健策『「ネットの自由」vs.著作権』(二〇一二)[33]をあげておこう。TPP大筋合意の三年前の本だが、内容はあまり古びておらず、いまでも必読書だといってよい。

最初に筆者の立場をいっておく。著作権のような一国の文化のあり方と深く関わる決め事を、貿易自由化の文脈で、ごく一握りの政治家と官僚が秘密裏に交渉することには強い違和感がある。しかも著作権がらみで大筋合意された保護期間延長、非親告罪化、法定損害賠償制度の「三点セット」は、ここ十年あまりの国内議論でいずれも導入を否定、ないしは見送ってきたことばかりだ。それを秘密交渉で外国、すなわち米国に約束し、国内法を強引に変えるやり方は、民主的でないと断じざるを得ない。

いや交渉事なのだから、こちらの手の内を知られてはいけない、秘密にするのが当然だろうという声もある。しかし、それにはまったく賛同できない。交渉経過を公開し、英知を集めることには多くのメリットがある。これまで著作権についての国際交渉は、ＡＣＴＡを除いて概ね公開で行われきた。ところが、ＴＰＰの秘密主義はＡＣＴＡのレベルをはるかに超えるものだった。米国が示す秘密保持契約に同意した者以外は、国会議員であっても交渉文書にアクセスできず、文書はパソコン画面でみるだけでプリントすることすら許されなかったとも伝えられている。

ＴＰＰは著作権だけの交渉ではない。関税、知的財産、政府調達、金融サービス、投資、環境など二十一分野にわたる総合的な交渉だ。米国にとって著作権を含む知財分野は、未来にわたって莫大な外貨を稼ぐ部分で、交渉の最重要分野だったともいわれている。ところが残念なことに、日本では知財分野、とりわけ著作権への関心は、農産品と比べて決して高いとはいえない。

ＴＰＰにまつわる報道は、農業者団体に弱い政府が「聖域」と断言した農産品重要五項目（米、麦、牛肉・豚肉、乳製品、砂糖）の関税がどうなるのかに集中した。もちろん、農業が重要でないとは思わない。農業の保護は食糧自給の点で重要だ。さらには、農業に付随する風俗習慣や民俗行事・景観など、豊かな文化を伝える基盤としても、それは守らないといけないものだ。しかし、これからの日本の産業基盤が農業でないことはあきらかだろう。土地が狭く資源が少なく労働人口が減少する国の未来のためには、クリエイティブな力をどう高めるかが重要なはずだ。

農産品の関税をどうするのかと、著作権の仕組みをどうするのかとは、そもそも問題の性質がまるで違う。両者はおなじ土俵で議論できるはずのないものだ。それをGDPや貿易収支のような数値に落とし込み、損得を云々する。エリート官僚たちのように、偏差値という数値で争うことを小さい頃からたたき込まれてきた者には、それがよく親しんだやり方なのだろう。そのGDP押し上げ効果についても、二〇一〇年十月には二・四―三・二兆円だった政府試算が、批准に向けての世論形成が必要になった十五年十二月には、十四兆円にも膨れ上がるいい加減なものだ。

経済的に豊かになってもひとは幸せにはならない。清貧のなかにも心豊かな幸せがあると、バブル経済と失われた二十年を経て、この列島に住むひとびとは思い出したのではなかったのか。経済成長がすべてのように考えることのおかしさに気付かず、もしくは気付かぬふりをして、国民は密室交渉の結果を是認し、政府が選挙対策のためにばらまく補助金を獲得することに関心を

（33）福井健策『「ネットの自由」vs. 著作権　TPPは、終わりの始まりなのか』光文社新書、二〇一二年。

移す。それを知性の劣化といわずして何だろう。

とはいっても、著作権を貿易の文脈に押し込めることは、いまにはじまったことでもない。著作権についての国際条約であるベルヌ条約を管理する事務局は、一九六七年に世界知的所有権機関（ＷＩＰＯ）に移った。そのＷＩＰＯが肥大化したため、先進国と途上国の対立が先鋭化し機能しなくなった。それからは知財についての国際交渉は、世界貿易機関（ＷＴＯ）が中心になった。そのあたりから、著作権制度の違いは「非関税障壁」という貿易用語で捉えられるようになった。そのＷＴＯもまた、加盟国の対立で意志決定が滞るようになり、貿易交渉はＷＴＯを離れて二国間や多国間のＦＴＡで進められるようになった。米国が中南米や韓国と結んだ二国間ＦＴＡでも、「メガＦＴＡ」と呼ばれるＴＰＰでも、知財制度の違いを「非関税障壁」とみなして均一化する、すなわち米国流にそろえることを交渉相手国は強いられてきた。

ＦＴＡの発想は、「強い文化」を持つ国の経済活動にとって有利な方向に、他国の文化活動のルールを変えさせることにある。いわば、文化を経済に従属させる、おかしな発想だ。文化はひとのあらゆる経済活動の基盤である。例をあげるならば、炊飯器を買うのは米の飯を食べる文化があるからで、米を食べないひとは炊飯器を買わない。さらにいうならば、米を食べるひとは炊飯器がなくても食べる。文化活動は経済活動から独立して存在し、経済活動は文化活動にともなって起こる。つまり、経済のほうが文化に従属しているのだ。

また、文化活動は無体であるがゆえに、有体の製品・商品よりも身軽に移動し、拡散する。そうして拡散した文化活動のあとを経済活動が追いかける。あまり交流のなかった二国が仲よくなるために、まずは文化交流を進めるのが常とう手段になっているのは、そういう理由だ。

大切なことは、各国において多様な文化を育むことだ。それには制度が均質である必要はない。多様な文化を育むには、国内で保護と利用のバランスを保ちながらも、制度そのものも多様であるほうがよい。ＴＰＰはそれに逆行する。

いつ何を譲歩したのか

ＴＰＰ交渉が極端な秘密主義だったといっても、知財部分に限っては、リーク文書が五度にわたってウィキリークス等に流出した。最初は二〇一一年二月十日時点のドラフトが三月四日に、二回目は一三年八月三十日時点のものが十一月十三日に、つづいて三回目は一四年五月十六日時点のものが十月十六日に、四回目は一五年五月十一日時点のものが八月四日に、最後は大筋合意当日の一五年十月五日時点のものが同月九日に世間に知れわたった。

問題はその信ぴょう性だ。リーク文書の内容は具体的かつ詳細で、過去に米国が二国間ＦＴＡで要求してきた事項とも一致しており、ねつ造を疑わせる要素は何もなかった。大筋合意後の正式な公表文書と照らし合わせてみても、リーク文書が本物だったことがわかる。

こうしたリークがあったおかげで、とくに日本では非親告罪化がもたらす二次創作への萎縮効果を懸念する世論が盛り上がり、それが交渉結果にもいくぶん反映される形になった。リークがなければ、そうしたセーフガードを設けることも困難だったろう。しかし、不正確かもしれないリーク文書に専門家や国民が頼らざるを得なかったことは、正しい姿ではない。やはり、交渉の途中経過を政府が公表し、条文の得失についてのしっかりとした議論を国内で進め、それを受けて政権が政治判断をすべきだった。

これら五度のリーク文書をみていけば、どの国がどの時点で何を要求していたのか／しなかったのかがわかる。政治のことはすぐに忘れる日本国民でも、野党だった自民党がTPP反対を唱えて二〇一二年十二月の総選挙に勝利して政権を奪還すると、すぐに態度を翻して交渉参加を表明したことまでは忘れていないはずだ。参加のための米国との事前協議が決着したのが一三年四月十二日だった。したがって、その直近にあたる八月三十日時点の第二リーク文書をみれば、日本の交渉参加直後に何がすでに合意されていたのかが、おおよそわかる。

まず著作権保護期間の条項については、米、豪、ペルー、シンガポール、チリ、メキシコが提案し、ブルネイ、ベトナム、ニュージーランド、マレーシア、カナダそして日本が反対していた。具体的には、自然人の著作物については死後七十年とされ、メキシコが百年を唱えている状態だった。また、法人著作物については米国が公開から少なくとも九十五年、豪、ペルー、シンガポール、チリが七十年、メキシコが七十五年を提案していた。非親告罪化については、「少なくとも商業的な規模での故意の商標権侵害又は著作権侵害の場合」について「権限を有する当局は、民間の関係者や権利者の形式的な告訴を必要とせず、自発的に法的行動を起こせる」(34)と規定されていた。この後半部分は十カ国が提案し、ベトナムと日本だけが反対だった。そして懲罰的なものを含む法定損害賠償制度については、日本を含め基本的には各国とも、すでに賛成していた。

整理しておくと、交渉参加直後の日本は、保護期間延長と非親告罪化には抵抗した。しかし、法定損害賠償制度は、ほぼ最初から受け入れたようだ。ＴＰＰが規定するその内容から、現行法を大きく変えずとも対応できると判断したのだろう。

それからおよそ九ヶ月後の、二〇一四年五月十六日時点の第三リーク文書をみてみよう。自然人の保護期間延長については、七十年／百年に加えて、日本法の五十年の三案が並記されている。このことから、二〇一三年八月三十日から翌年五月十六日までのあいだに、国内での保護期間が五十年のカナダ、ニュージーランド、ベトナムあたりと日本が組んで、五十年とする案を出した可能性がある。第二リークの時点では五十年案は明記されていなかったことから、日本の参加がこの変化をもたらしたのだろう。ちなみに、法人著作物については、五十／七十／七十五／九十年の四案が並記されている。

第三リークでの非親告罪化部分には、より大きな変化がみられる。「権限を有する当局は、民間の関係者や権利者の形式的な告訴を必要とせず、自発的に法的行動を起こせる」の部分について日本は賛成に転じ、これに反対するのはベトナムだけになった。ただし、日本は「この規定の

(34) 以下、条文の翻訳は兎園のブログ「無名の一知財政策ウオッチャーの独言」による。

適用を市場において権利者が著作物を利用する能力に対する影響がある場合に限定できる」の条件を付け、「交渉官注」には「この規定に対する日本の支持は本注が受け入れられることを条件としている」の文言がある。これはあきらかにコミック・マーケットなどの二次創作文化の保護を意識したものだ。

この時点で日本は、保護期間五十年というやや「無理筋」の提案をすると同時に、非親告罪化で条件付きの譲歩をしたことが読み取れる。つまり、「権利者が著作物を利用する能力に対する影響がある場合」についてのみ非親告罪化することが通れば、保護期間五十年の要求は取り下げるバーターを目論んだのだろう。少なくともこの部分だけからは、そうみえる。

第三と第四リークのあいだの二〇一四年十一月十八日に、参議院議員の山田太郎（日本を元気にする会）は、TPPによる非親告罪化について立法事実と政府の姿勢について尋ねる質問主意書を提出した。二十五日付けの政府の答弁書には、立法事実については二〇〇九年の文化審議会報告書で出ていた意見を再掲し、政府の姿勢については交渉中のことなので回答を差し控えるとある。つまりは、非親告罪化を見送った〇九年時点から立法事実に変化はないのだが、交渉していることは認めるということだ。

二〇一五年五月十一日時点の第四リーク文書では、非親告罪化部分についてベトナムも賛成に転じ、日本が付けた条件にも各国が合意している。保護期間延長については、原則七十年に日本が同意したという報道が、同年二月頃からNHKニュースや日経新聞などで伝えられていた。しかし、リーク文書上では五十年を含む複数案の並記は、まだそのままだった。

戦時加算の解消は

それから約二ヶ月後の七月二十四日には朝日新聞（電子版）も、保護期間を七十年とする方向で調整に入ったと報道した。その見返りとして、日本は「戦時加算」の解消を強く要望し、参加国はそれに合意したという。その戦時加算とは何だろう？　それは日本が戦争を起こした代償として、旧連合国のうち十五カ国で戦争期間中に発生した著作権を戦争期間の実日数分だけ長く保護することで、一九五二年に発効したサンフランシスコ平和条約で決められている。たとえば真珠湾攻撃の日から平和条約発効前日までのあいだの、米、豪、カナダ、ニュージーランドの著作物の日本での権利は、日本法の規定プラス最高で三七九四日間長く保護されている。この戦時加算の解消は、日本音楽著作権協会（ＪＡＳＲＡＣ）が求めてきたことでもある。

具体例をあげてみよう。米国人のオスカー・ハマースタイン二世が作詞し、一九四三年三月三十一日に公表した「Lover Come Back To Me」という曲は、通常ならばハマースタイン二世が没した一九六〇年から五十年が経過した年の年末にあたる二〇一〇年十二月三十一日に、日本での著作権が切れる。ところが戦時加算があるために、公表日の一九四三年三月三十一日から平和条約発効前日の一九五二年四月二十七日までの三三一六日分が加算され、著作権は二〇二〇年一月二十九日まで存続する。(35)

おそらく、保護期間七十年に加えて戦時加算で八十年超も保護される作品が出ることを避けたかったのだろう。だが報道の通り、保護期間延長と戦時加算の解消がバーターだというのなら、異常な判断だといわなくてはならない。なぜならば、戦時加算は放置しておいてもいずれ影響はなくなるが、保護期間は一度延ばせばほぼ間違いなく永久にそのままだからだ。それに、TPPに入っていない国で戦時加算の対象になっているのは十一カ国もある。

大筋合意した十月五日時点の最終リーク文書では、著作権保護期間は自然人・法人とも、少なくとも死後・公開後七十年になっている。つまり、七十年未満の保護しかしていない国は七十年にし、すでに七十年以上の国はそのままでということだ。こうして、二〇〇七年から〇九年にかけて、国内での大議論の末に見送られたことが、あっけなく「ポリシー・ロンダリング」された。また、その後に正式公開された条文によると、戦時加算の解消は本体の条文にはなく、交換文書に「産業界主導の対話を奨励し、歓迎する」と書かれるに留まっている。戦時加算の解消が保護期間延長の条件だとは読めず、これではバーターになっていない。

TPPの著作権部分についていうならば、勝ち取ったものは何もないといってよい。非親告罪化部分で条件を付けることには成功したが、それは大きな譲歩のなかの小さな抵抗にすぎない。いや、これからの世界貿易のルール・メイキングに参加したことに意義があるのだと、TPP担当大臣だった甘利明（自民党）はいった。日本は確かにそれに参加したかもしれないが、やや辛らつにいえば、実際は米国がしたルール・メイキングにしたがっただけのことではないか。

違法ダウンロード「違法化」の拡大？

ＴＰＰ交渉に透明性がないことは累々指摘されている。それよりも問題なのは、ＴＰＰ交渉の影で日米二国間の並行交渉が、同時に行われてきたことだ。日米で並行交渉をすることは、日本がＴＰＰ交渉に参加する条件にされた。日本ではしばしば、ＴＰＰ本体の交渉と日米並行交渉を混同した報道がされていた。両者は密接につながっているので、それもあながち間違いとはいえない。しかし、並行交渉の合意事項はＴＰＰ文書とは別立てになっているので、関心を引きにくい。

大筋合意内容が正式発表された二〇一五年十一月五日にＴＰＰ交渉参加国との交換文書の概要が、一六年一月七日にその暫定仮訳が公表された。そこに含まれている日米並行交渉に関する文書に、法的拘束力はないものの、見過ごせないつぎの記述がある。

知的財産権

両政府は、ＴＰＰ協定第十八章（知的財産）の関連規定の円滑かつ効果的な実施のために必要な措置をとる。

(35) http://www.jasrac.or.jp/senji_kasan/about.html

私的使用のための複製の例外

著作権の保護の範囲に関し、日本国の文化審議会著作権分科会は、私的使用の例外の範囲について検討し、二千九年、私的使用の例外は違法なソースからの録音録画物のダウンロードには適用されるべきではないとすることが適当である旨結論付けた。

日本国政府は、私的使用の例外があらゆる違法なソースからの他の著作物のダウンロードに適用されないようにすべきかどうかについて、可能な限り速やかに、遅くともTPP協定が両国について効力を生ずる時までに、著作権分科会に再び諮る。アメリカ合衆国政府及び日本国政府は、この過程を円滑にするため、この点について関連情報を交換する。(36)

二〇一〇年の著作権法改正で実施した違法ダウンロード「違法化」を、音楽・動画コンテンツだけでなく、文章・写真・絵画など、あらゆる種類の著作物に拡大する検討を審議会で、TPP発効に先立って再開することに両国が合意したということだ。

これは、たとえば新聞記事や誰かの写真、著作権のあるキャラクター画像を無断転載しているWEBサイトを、ブラウザの機能を使ってパソコンに保存する行為を、個人が家庭で行う場合でも違法にすることを検討しますということだ。

こうした行為を会社で行うことはすでに違法だが、日常的に行われてもいる。WEBを使うとは、そうした行為をすることでもある。そんな常態化した違法行為の枠を、私的使用にまで広げることに何の意味があるだろうか？　そのような法制はネットの利便性をそぎ、国民は著作権法を守る意義を感じなくなってしまう。

もちろん、合意は「検討を再開する」ことにあるので、法改正まで約束しているわけではない。また、いきなりの刑事罰化も求めてはいない。しかし、将来的にはそれも段階的に要求されるかもしれない。

米国はおなじことを二〇一一年の「日米経済調和対話」（第1章参照）の頃から執ように求めてきている。日本がそれを受け入れる日が、やがて来るのだろうか。

韓国の経験

ＦＴＡの結果、著作権法を強制的に変える経験をするのは、日本がはじめてではない。韓国では、二〇一一年七月に暫定発効したＥＵとのＦＴＡと、一二年三月に発効した米韓ＦＴＡにさいし、著作権法の大きな変更を強いられた。ＴＰＰで問題の著作権三点セットは、韓国ではすべて経験済みだ。歴史的な経緯もあって、韓国著作権法は日本法と似た造り付けになっている。韓国の経験は、きっと日本にも示唆を与えてくれるはずだ。[37]

(36)　http://www.cas.go.jp/jp/tpp/naiyou/pdf/side_letter_yaku/side_letter_yaku21.pdf
(37)　以下の内容は、二〇一五年十二月の韓国著作権局でのインタビューと張睿暎氏のご教唆に基づいている。

韓国でのふたつのFTAにからんで大問題になったのが、保護期間延長と、一時的複製（キャッシュ）に複製権を認めることだった。保護期間を五十年から七十年に延ばすことは、まずEUとのFTAで要求され、同様のことが米韓FTAでも要求された。ただし、日本とは違って、権利者団体が必ずしも延長に積極的ではなかったという。

両FTAでは協定発効から延長実施まで、二年間の猶予が認められた。その間にヘミングウェイやヘッセの権利が切れるなど、保護期間延長のインパクトを、わずかながらも和らげることができた。韓国は猶予期間を延ばす交渉もしたそうだが、それは合意できなかった。

保護期間延長によって権利者不明の孤児作品が増えることへの対策としては、一定の手続きを踏めば国が利用を許可する「裁定制度」を、より使いやすくする検討がされているという。日本にも同様の動きはある。

一時的複製に複製権を認めることにも、激しい反対があった。一時的な複製は、ネット経由でコンテンツにアクセスするときに自動的に作られるものなので、それに権利がかかることになれば、インターネットを合法的に使えなくなるのではとの懸念が広がった。この点は、適法なネット利用にともなう一時的複製は免責し、私的使用の場面ではそれを問題にしないことで世論の沈静化を図ったそうだ。ちなみに、日本では適法な利用にともなう一時的複製は、権利制限の例外に含めることで問題を解消している。

非親告罪化については、韓国では二段階の改正があった。最初は二〇〇六年改正のときで、

「営利目的かつ常習性のある」侵害を非親告罪にした。この改正はＦＴＡとは無関係で、そうすべきとの世論の高まりを受けてのことだった。二回目はＦＴＡにともなう二〇一一年改正で、「営利目的か常習性のある」侵害を非親告罪にした。

そしてつぎの点が重要だ。著作権侵害を警察が独自に立件した例が、二〇一三年には約二万五千件にものぼったという。ちなみに、不正商品対策協議会のデータによると、日本での二〇一三年の著作権法違反の検挙数は二百四十件である(38)。韓国の人口は日本の半分以下の約五千万人なので、対人口比でみてもケタ違いだ。韓国で立件されたもののうち、起訴されたものが約二千八百件で、ほとんどは略式起訴による罰金刑である。審理まで進んだものが約八十件、そして実刑になったのが一件ある。

日本では音楽・動画の違法ダウンロードがすでに刑事罰化されている。万一、将来これが非親告罪になってしまえば、公権力の力が強くなりすぎる。違法ダウンロード刑事罰化のときに、これは親告罪だから心配いらないとの説明を、それを強引に進めた政治家たちがしていたことを、決して忘れてはならない。

法定損害賠償制度については、米国のように上限額と下限額を決めているのではなく、韓国は上限額を決めただけなので影響はないという。実際の裁判では、実損害額の賠償しか認められて

---

(38) http://www.aca.gr.jp/police.html

いないとも聞く。

それよりも韓国社会で問題になっているのが、非親告罪化による「コピーライト・トロール」の増加だ。権利者に加えて何の関係もない法務法人までもが、侵害者をみつけては警察に通報するぞと連絡し、「合意金」を要求するケースが増えているようだ。「合意金」の相場は、相手が小学生なら五十万ウォン（約五万円）、大人だと百万ウォン（約十万円）だそうだ。これは、確たる違法行為を通報するぞという警告なので、純然たる詐欺行為とはいいきれない。こうした事案は、日本でも増えるかもしれない。

実は韓国では、FTAによる二〇一一年の著作権法改正のときにフェアユース規定も導入した。FTAでそれを求められたわけではない。フェアユースを入れないと、著作権の保護ばかりが強くなってしまって、利用の利便性とのバランスが崩れるとの判断があったからだ。

韓国版フェアユースは、日本式の個別列挙型の制限規定に、フェアユース規定を追加して実現している。法文をみると、第1項がベルヌ条約の「スリーステップテスト」（本書三〇頁参照）に該当し、第2項が米国式の規定になっている。いわば、両者の折衷型である。

韓国著作権法　第三十五条の三（著作物の公正な利用）

第1項　第二十三条から第三十五条の二まで、第百一条の三から第百一条の五までの場合の他、著作物の通常の利用を妨げず、著作者の正当な利益を不当に害さない場合には、報道・批評・教育・研究等のために著作物を利用することができる。

第2項　著作物の利用行為が第1項に該当するかどうか判断するときは、次の各号の事項を考慮しなければならない。

第1号　営利性や非営利性など、利用の目的および性質

第2号　著作物の種類と用途

第3号　利用された部分が著作物全体に占める割合とその重要性

第4号　著作物の利用が、その著作物の現在の市場又は価値若しくは潜在的な市場又は価値に及ぼす影響[39]

ただし、フェアユースはあくまでも抗弁の手段なので、個別制限規定で乗り切れないケースにはじめて持ち出されるものだ。本書執筆時点までで、韓国においてフェアユースか否かが争われた裁判はないと聞いている。

このフェアユースを推進したのは、韓国で著作権法を司る公的な専門家集団である「著作権局」と、「進歩ネット」（当時は別名称）という市民団体だった。考えてみれば、日本には米国や韓国の著作権局のように、専門家の立場から法律の方向性を示唆する公的な機関がない。文化庁

（39）　http://fr-toen.cocolog-nifty.com/blog/2012/03/post-2fbc.html

著作権課は専門家集団ではあるが、関係者の利害を調整することが主な仕事である。著作権局のような機関が、日本にあってもよいのではないだろうか。

前のめり

二〇一五年十一月二十五日に、政府のTPP総合対策本部は「総合的なTPP関連政策大綱」を発表した。そこには、著作権に関することは、つぎのように書かれている。

○　著作物等の保護期間の延長、著作権等侵害罪の一部非親告罪化、著作権等侵害に対する民法の原則を踏まえた法定の損害賠償制度等に関し、所要の措置を講ずる。その際、権利の保護と利用とのバランスに留意し、特に、著作権等侵害罪の一部非親告罪化については、二次創作への委縮効果等を生じないよう、対象範囲を適切に限定する。

○　著作物等の利用円滑化のため、権利者不明等の場合の裁定制度の改善を速やかに行うとともに、社会的諸課題への対応、柔軟性の高い権利制限規定、円滑なライセンシング体制の整備等に関する検討を進める。

前半部分で、非親告罪化にあたって二次創作への配慮が明示的に書かれたことは、繰り返しになるがリーク文書によって国内世論が高まった成果だ。二次創作が関わらない部分の非親告罪化がどうなるのか、そして法定損害賠償制度がどのように設計されるのかは、本書の執筆時点ではまだ予断を許さない状況だ。一部非親告罪化は、「対価として利益を受ける目的又は著作権者等の利益を害する目的」で、「有償著作物等」について、「原作のまま」利用する行為に限定する方針で、著作権法改正案がまとめられている。また、TPPの条文では、法定損害賠償制度は「将来の侵害を抑止」することを目的にしている（巻末附録3、第十八・七十四条参照）。民法の原則では、侵害の抑止のための賠償は認められていないので、それと整合性が取れるのかが大きな問題として残る。「大綱」の後半部分で裁定制度の改善をうたっているのは、保護期間延長に対するわずかなセーフガードだろう。一方で、映像業界は映画の保護期間を九十—九十五年にしてほしいと、「便乗延長」を要望しはじめている。また、「大綱」にある「柔軟性の高い権利制限規定」は、「日本版フェアユース」の復活を連想させるものだ。しかし、TPPを受けてやはりフェアユースをという動きは、いまのところ具体的にはみえてこない。

TPPが発効する条件は二通りある。まず、すべての原署名国が国内法上の手続を完了した旨を書面により寄託者（ニュージーランド）に通知した六十日後に発効する。もし二年以内にすべての原署名国が国内法上の手続を完了しない場合は、原署名国のGDPの合計の少なくとも八十五パーセントを占める少なくとも六カ国が寄託者に通知すれば、上記二年の期間の経過後六十日後に発効する。米国の名目GDPは約六十二パーセントで日本は約十六パーセント強だから、日米のどちらかが手続き完了を寄託者に通知していなければ、TPPは発効しない。

ＴＰＰの署名式は二〇一六年二月四日にニュージーランドで執り行われた。しかし、本書の執筆時点では、肝心の米国でＴＰＰがすんなりと批准される気配があまりない。任期が残り一年を切ったオバマ大統領にとっては、自身の成果として何とか発効させたいところだ。ところが、議会で多数を占める共和党が大統領選挙前の批准に反対している。主な大統領候補たちも、いまのところみなＴＰＰに慎重、あるいは合意内容は不十分とする姿勢だ。このままだと米国の批准が二〇一七年にずれこみ、場合によっては新大統領のもとで再交渉もありえる。現に、米韓ＦＴＡでは二〇〇七年六月にジョージ・Ｗ・ブッシュ大統領がいったん署名したあと、オバマ政権に変わってから追加交渉をし、二〇一一年二月に再署名している。

一方の日本は、巨大与党の力と、何事にも几帳面だといわれる国民性からか、ＴＰＰ批准に向けた国内法改正に向けてまい進している。著作権法改正についても、二〇一五年度の文化審議会著作権分科会法制・基本問題小委員会の議題に加えられ、大急ぎで審議された。著作権のことは農業政策ほど政治的にセンシティブでないので、強い抵抗もなく法改正がされそうな情勢だ。ただし、ＡＣＴＡの教訓からか、改正法はＴＰＰが発効するまで施行しない方針が出されている。

署名・批准以外にも、もうひとつ考慮しなければならない重要なことがある。ＴＰＰ交渉国の議会が協定を批准すれば、すぐに発効するわけではないのだ。

米国議会には「サーティフィケーション・プロセス」（承認手続き）があると伝えられている。(40)それは、交渉参加国の法改正が米国の要求を満たしていると、議会が承認するプロセスのことだ。

それが完了するまで、米国は国内手続きを終えたことを寄託者に通知することを保留にすることがある。もし米国が他国の国内法改正の水準を見極めるまで通知を遅らせたら、そのあいだは確実に発効しない。その場合でも、相手国の法律はすでに何らかの形で変わっていることになる。TPPが要求する法定損害賠償制度について、文化庁は現行法のままでよいとの解釈を打ち出している。それが米国議会で認められるのか危惧する声もある。

米国がオバマの任期中にそうした手段を活用しようとすれば、批准をいっそう早めなければならない。それが日本の法改正・批准日程に跳ね返ってくる。政府は、二〇一六年夏の参議院議員選挙のまえにTPPを批准しようとしている。仮に選挙後まで先送りにするにしても、与党は秋には臨時国会を招集して、すぐに決着させようとするだろう。

そんなに急ぐ必要はまったくないのだ。米国大統領選の結果を待ち、二〇一七年一月に就任する新大統領の姿勢をみながら、何が日本の「国益」なのかを一七年の通常国会まで時間をかけてじっくり考えたほうがいい。日本が通知するまではTPPは発効しない。五年もかけて交渉したことがさらに半年や一年遅れたとして、それで経済が大打撃を受けるわけでもなかろう。

日本国憲法第九十八条第二項には「日本国が締結した条約及び確立された国際法規は、これを誠実に遵守することを必要とする」とあるので、条約は国内法に優先すると考えられている。そ

(40) http://tppnocertification.org/in-japanese/

うであるからこそ、国内法改正の議論で合意できなかったことを外交交渉に載せるときには、プロセスの透明性を高めるべきだった。そしてこれからは、変化する文化・社会に応じて著作権法をどのように再構成すべきなのかに衆知を集めるべきだ。

附章　ネット権力の「法」——五輪エンブレム問題

西部の墓場で

米国西部・アリゾナ州のメキシコ国境にほど近い、トゥームストーンという小さな街を訪れたことがある。かつては銀鉱山で栄えた開拓時代の町並みがよく保存されていて、いまは観光客でにぎわう。

トゥームストーンは、一八八一年に「ＯＫ牧場の決闘」が実際にあった場所として、西部劇ファンに知られている。当時の資料を残した館や、決闘を再現した寸劇がツーリストに人気だ。その街のはずれにあるブートヒル墓地に、決闘の悪役だったクラントン兄弟が葬られている。サボテンや低木が茂った見晴らしのよい丘に、たくさんの墓標が林立している。

いくつもの墓標のなかには、そこに眠る者の死因が書かれているものもある。そのなかに、クラントン兄弟の墓標よりもずっと目を引くものがある。

ジョン・ヒース。一八八四年二月二十二日、トゥームストーンにて、ビスビーの怒れる群衆によって郡刑務所から引き出され、私刑となった。

一八八三年十二月八日、五人の無法者がアリゾナ州ビスビーの雑貨店に押し入り、四人を殺害した。ビスビー虐殺と呼ばれる事件だ。その首謀者がジョン・ヒースだった。ヒースは裁判によって終身刑となり服役したが、それでは気の済まない群衆によって牢から引きずり出され、首に縄をかけられて電信柱に吊された。英語版ウィキペディアの Bisbee Massacre の項を開くと、吊されたヒースの哀れな写真をみることができる。

二〇一五年夏に、東京五輪エンブレム公募作品の「盗作」疑惑が燃え上がった。ネットに誹謗中傷があふれ、採択された作品の作者本人のみならず、彼の家族や親戚まで個人情報をさらされた。そうして文字通り「抹殺」された佐野研二郎のニュースに触れるたびに、西部の墓地でみたジョン・ヒースの墓標のことが脳裏に浮かんだ。

この問題は、これまで本書で検討してきたような、法改正にあたっての民主的な合意形成の問題とは性質がまったく違う。これは、ネットによる行き過ぎた私刑ではなかったか。権力批判の武器となるネットが、政府をバックに持つ組織や大メディアを従わせる大きな権力に、自らなってしまった。そのことに、ネットのなかにいるひとびとは、あまりに無自覚なのではないか。そういう問題意識に立って、五輪エンブレム問題を振り返りたい。

ぼくはデザイナーになってちょうど二十年近く経つんですけれども、一番最初の目標というか、いつの日か、オリンピックのシンボルをちょっと作ってみたいというのが、まあ絶対かなわないであろうなって思ったんですけど、非常に夢でもありましたし……

栄光と暗雲

二〇一五年七月二十四日、東京五輪エンブレムの発表記者会見に臨んだアートディレクター・佐野研二郎は、終始緊張した面持ちで喜びを語った。

建設費の高騰が国民の批判を浴び、ほんの一週間前に新国立競技場のデザインが白紙になったばかりだった。つまずいた五輪計画をエンブレムの発表でリスタートする、そんな輝かしい会見だった。

発表会見に臨んだのは、東京オリンピック・パラリンピック競技大会組織委員会(以下、組織委員会)専務理事・事務総長の武藤敏郎、同マーケティング局長の槙英俊、エンブレムデザイン審査委員代表を務めたグラフィック・デザイナーの永井一正、そして佐野研二郎だった。

新しいエンブレムのデザインの特徴を、彼らはこう説明した(図4)。まずモチーフになっているTは、TEAM、TOMORROW、TOKYOのTである。中心の黒は、すべての色を足

図４　佐野研二郎デザインによる東京五輪（左）とパラリンピック（右）のエンブレム

し合わせた色、すなわちダイバーシティー（多様性）を象徴している。その黒の線が、五輪の中央にある黒い輪から、おなじ幅でまっすぐに延びている。それは、二〇二〇年への道のりを意味している。Tの文字に隠れている大きな円はインクルーシブな世界をあらわしていて、互いの違いを認める和の象徴である。また、それは一九六四年東京五輪のさいに亀倉雄策がデザインした、大きな赤丸のポスターへのリスペクトにもなっている。そして五輪の右端にある赤い輪の延長上に置かれた赤い丸は、選手の鼓動であり日の丸である。

　五輪エンブレムの白黒を反転させると、そのままパラリンピックのエンブレムになる。そこにはTではなく、イコールの文字が浮かび上がる。イコールは障がい者との共生であり、五輪とはきょうだいの大会であることも表現している。この五輪とパラリンピックのエンブレムのあいだの仕掛けは、興味深いものだった。

　そして選考にあたって重要な評価ポイントだったとされたのが、デザインの「展開力」だった。佐野作品は街中や会場、さらにはライセンス商品で使われたときに、くっきりと目立つものと評価された。さらには、エンブレムを3×3に九分割し組み換えることで、統一的なイメージを保ちながら種々に形を変えることができた。また、黒・白・赤・金・銀の五色と円・正方形・長方形の三図形を組み合わせることで、アルファベットを表現することもできた。こうしたことが「展開力」として強調された。

組織委員会や審査委員会のその後の説明を聞く限り、この「展開力」のあることが、佐野デザインの最大の評価ポイントだったようだ。しかし、その「展開力」を示すのに使ったふたつのビジュアル――雑踏と空港の写真をこの会見でみせてしまったことが、結果的には言い逃れのできない初歩的ミスになった。

佐野は会見中ずっと硬い表情を崩さなかったが、フォトセッションでカメラマンに促されてようやく、少しおどけながら笑顔をみせた。デザイナーとしての夢を実現した成功者の満面の笑みを、メディアは大きく伝えた。世のひとびとを嫉妬させるのにじゅうぶんなイメージが拡散した。

その直後から、五輪エンブレムは暗い、よくない、結果が最初から決まっていた「出来レース」だったに違いない、といったバッシングが、ネットのなかに吹き荒れはじめた。そして誰がいいはじめたかはわからないが、エンブレムはベルギーにあるリエージュ劇場のロゴ（図

図5　リエージュ劇場のロゴ

5）の盗作ではないかとの噂が広まっていった。

リエージュ劇場のロゴを作ったのは、オリビエ・ドビというグラフィック・デザイナーだった。ドビは、日本人からの知らせで五輪エンブレムを知ったという。ドビは最初、似ているとの感想を漏らしながらも静観する構えをみせたが、すぐに劇場と組んで抗議の声をあげた。リエージュのロゴは日本からでもネットでみることができるので、佐野はそれを盗用したに違いないと主張した。

ネットの目、プロの目

ドビと劇場が声をあげたことで、日本のネット世論も勢いづいた。五輪エンブレムはリエージュのロゴと酷似している、これは佐野のパクリだと断定する声が圧倒的なまでに拡散した。両者はとにかくそっくりだ、そこに疑問の余地を挟む者も許さないとの空気がネットを支配した。

ではその道のプロたちは、佐野のエンブレムどうみていたのだろうか。少なくない数のデザイナーが、彼に同情的だった(41)。それは「盗用」というほど似てはいない、シンプルなデザインであればあるほど、似たようなものはすでにどこかにある、仮に先行デザインを参照したにしても、優れた作品に影響されるのは悪いことではない、これが非難されるのならデザイナーは仕事にならない、そういった意見が聞かれた。だが、ネットで佐野を擁護する発言をしようものなら、すぐに見知らぬ誰かから攻撃される姿がみられた。

法律のプロたちの意見は、五輪エンブレムには法的な問題はないとの点でほぼ一致していた。そこにはばらつきもブレも、ほとんどなかった[42]。

ロゴやエンブレムを法的に守ろうとするならば、その主戦場は著作権ではなく商標権になる。商標権は対象となる商品や役務ごとの登録制を採っている。しかも登録は各国で別々に行われる必要がある。五輪エンブレムは、五千万円かかったという国際的な商標登録の調査をクリアしていた。そのうえ、リエージュ劇場のロゴはベルギーでも商標登録がされていなかった。似ているかいないかという以前に、ベルギー側が商標権で争うことは、最初からできない状態だった。

一方、著作権は作品が創作された瞬間に与えられる権利なので、どこかに登録する必要はない。しかし、著作権侵害が成立するには一定の条件がある。権利者の許諾を得ていなかったことは所与として、そのほかに三つの条件を満たしていなければ侵害にはならない。

第一は、元の作品に著作物性があることだ。著作物性とは、作品が思想や感情を創作的に表現したものであることをいう。単なる事実やありふれた表現には著作物性はない。リエージュ劇場

(41) デザイナーからの意見表明としては、たとえばつぎのものがある。http://bylines.news.yahoo.co.jp/takayukifukatsu/20150907-00049112/

(42) 法律家の意見には、たとえばつぎのものがある。http://mainichi.jp/premier/business/entry/index.html?id=20150904biz00m010047000c　http://www.huffingtonpost.jp/2015/07/30/tokyo2020-logo_n_7908656.html　http://blog.livedoor.jp/hirohito_nakada/archives/1039578253.html

のロゴは、TとLを合体させたものだ。これが思想や感情を創作的に表現したものにあたるとまでは断言できず、論争の余地がある。

もし第一条件を緩やかに考えて、これに著作物性があるとするならば、第二の条件を検討することができる。それは、元作品と侵害とされる作品とが、酷似といえるほど類似していなければならない。

ネット世論では、佐野エンブレムは劇場のロゴと酷似しているとの意見が支配的だった。しかしそうした意見とは裏腹に、過去の著作権判例をみる限りでは、この程度の類似は酷似というにはほど遠い。

もうここまでで結論は出ているのだが、ついでに第三条件を紹介しておこう。それは、問題となる作品が先行作品に依拠して作られたものであることだ。侵害者が先行作品をみたか、みている蓋然性の高いことが証明されなければならない。しかもその証明は、侵害されたと訴えた側がしなければならない。

この第三条件は、「他人のそら似」にすぎないものを犯罪にしてしまうことを抑止するものだ。著作権はたいへん強い権利であるため、意図しない類似まで違法にしてしまうと、かえって文化に悪い影響が出てしまう。

著作権侵害についてのこうした基準は、国際的にも概ね共有されている。しかし、もしベルギーでの裁判となると、サッカーの試合のような地元びいきの判断が出ないとも限らない。その点では、裁判の行方に不透明な部分はあった。

リエージュ劇場のロゴ以外にも、スペインのデザイン・スタジオが手掛けた作品と色使いが似ているという指摘がネットに沸き起こり、一部のメディアがそれを報道した。しかし色使いの類似だけで「盗作」とするにはやはり無理があったのか、この指摘が広がりをみせることはなかった。既存メディアは、ネットの情報を批判的に検証することなく、ただそれを反復するだけの機関になっていた。

「盗作」疑惑が広がるなか、佐野本人は海外に出張していた。佐野は、リエージュ劇場のロゴは知らず、参考にしたこともないとのコメントを、七月三十一日に出張先から組織委員会を通じて発表した。

翌八月一日には、五輪エンブレムの使用差し止めを求める文書が、ドビと劇場の代理人から日本オリンピック委員会（ＪＯＣ）に届いた。エンブレムに関する一切の権利は、公募のときに定められていた条件にしたがって、佐野から組織委員会に無償譲渡されていた。佐野は賞金の百万円を受け取ったが、エンブレムの使用から発生するライセンス料などは一円ももらえない契約だった。ベルギー側は、真相を知るはずの佐野を係争の相手方にすることができず、佐野も自分ひとりの意志では何もできなくなっていた。権利を持つ組織委員会は、綿密な国際商標調査をしており、著作権も問題ないとの絶対的な自信を持っていた。たとえ裁判になっても必ず勝てるから、エンブレムを取り下げる必要はないと高を括っていた。

海外出張から戻った佐野は八月五日に記者会見を開き、ベルギーへ行ったことはなくリエージュ劇場のロゴはみたこともない、要素におなじものはあるがデザインへの考え方がまるで違うと、先行作品への依拠性と類似性を否定した。著作権侵害の疑いをかけられた者の反論としては、ツボを押さえたものだった。

埋められていった外堀

しかし、ネットのなかでは佐野の釈明会見とほぼ同時に、彼の過去作品の検証がはじまった。そして、佐野の事務所が手掛けたトートバックのデザインに、海外デザイナーの作品などと似ているものがあることが指摘されていった。なかには、どうみても先行作品を単純にコピペしたとしかみえない作品もあった。トートバックはサントリーのキャンペーンでの賞品として、佐野の事務所が三十種類をデザインしたものだった。八月十二日に佐野からの申し出を受けてサントリーは、それらのうち八種類について賞品としての発送を中止した。

佐野は自身の事務所のスタッフが先行作品をトレースしたことを認め、責任者としての管理の甘さを謝罪した。それと同時に、サントリーの賞品の場合と違って、五輪エンブレムは佐野が個人として制作したもので、完全にオリジナルなものだと強調した。

五輪エンブレムとは別の案件ではあったが、トートバック事件によって、佐野とその周辺にはコピペに甘い体質があることが露呈した。それを暴いたネットの力は、高く賞賛されるべきだろう。やはりエンブレムもそうなのかと、日本全体の世論が佐野に疑惑の目を向けはじめることになった。

その後も、いずれも佐野がデザインした名古屋市・東山動物園のマークと群馬県太田市美術館・図書館のロゴが、それぞれコスタリカ国立博物館のロゴ、アメリカ人デザイナーの作品と似ているのではとの指摘が相次ぎ、それをメディアが後追い報道していった。だがいずれの場合も、著作権侵害にあたるほど酷似しているとはいえないものだった。東山動物園はマークの使用をつづけた。太田市はロゴの継続使用をいったんは表明したが、その後市民からの意見を募集し、二百十七通の回答のうち六割が再公募を支持したという理由でロゴを撤回してしまった。ちなみに二百十七通の六割は、太田市の人口のおよそ〇・〇六パーセントにすぎなかった。

一方、ドビとリエージュ劇場側は、五輪エンブレムは著作権侵害だとして、八月中旬に国際オリンピック委員会（ＩＯＣ）を相手どってリエージュの民事裁判所に提訴した。ベルギーきっての知財弁護士が弁護に乗り出したことも、話題になった。

ネットとメディアによる佐野バッシングが強まるなか、八月二十八日に組織委員会は記者会見を開き、エンブレム選考の過程を説明した。それによると、公募には百四件の応募があり、そこには名のあるデザイナーのほとんどが含まれていた。最終段階で三件にまで絞り込み、八名の審査員が投票して四―二―二の票差で佐野作品が選ばれた。応募者名は最後まで伏せられていたので、「出来レース」ではないことを組織委員会は強調した。

会見では、応募時のデザインは、最終作品とは違っていたことがあきらかにされた。応募作を商標調査したところ、似た作品がみつかったので、佐野に修正を依頼した。ところが出て来た修正案では、「躍動感が薄まった」ため、再度の修正を経て最終案にいたったという。応募作を修正したことは、八名の審査員のうち七名が了承した。

八月二十八日の会見は、佐野の当初案はリエージュ劇場のロゴと似ていなかったと強調することが目的だった。ところが、その当初案がさらなる疑惑を生むことになった。当初案のTの足下に丸を配したデザインが、二〇一三年に銀座であった「ヤン・チヒョルト展」のポスターと類似していることがネットで指摘された。ヤン・チヒョルトはタイポグラフィーに大きな足跡を残した人物で、その日本での展覧会となると、グラフィック・デザインに関わる仕事をしているひとならば出掛けていても不思議はない。さらに、チヒョルト展に注目するツイートが、佐野の会社のアカウントから書き込まれていたことも暴かれた。これは先行作品に依拠した証拠になりかねない事実だった。

おなじ時期に、ネットではもうひとつの事実もあぶり出されていた。それは、五輪エンブレムの展開例として用いられた二枚の図の背景が、ネットにあるブログ写真などからの転用だという指摘だった。

取り下げ

たとえネットからの転用であっても、非営利・非公開の私的資料とするには問題なく、公開する場合でも著作権者の許諾を得ていればよい。もし公開にあたって許諾を取っていなかったとすれば、それはプロとしてはとても恥ずかしい大失態だ。それだけで取り下げに値するような脇の甘さが、佐野と組織委員会にあることも露わになった。

そんななか、九月一日に組織委員会は再び記者会見を開き、佐野デザインによる五輪エンブレムの使用中止を発表した。組織委員会事務総長だった武藤の説明によると、展開例での写真の無断転用は、取るべき手続きを怠ったミスだった。チヒョルト展を佐野は見に行ったが、ポスターは記憶になかったという。エンブレムそのものについては法的な問題はないと確信しているが、いまや一般国民の理解を得られなくなったというのが、使用中止の理由だった。撤回については組織委員会から佐野に話し、同意を得たという。賞金の百万円は、佐野から返還されることになった。

会見の場に佐野の姿はなかった。佐野は自身の会社のホームページでコメントを発表した。エンブレムについて模倣や盗作は断じてしていないとしつつも、それ以外の仕事で不手際があったことを佐野は謝罪した。

そのうえで、会社のメールアドレスがさまざまなオンラインアカウントに無断登録され、誹謗中傷メールが毎日届き、身に覚えのないショッピングサイトなどから入会確認メールが届き、家族や無関係の親族の写真までネットにさらされていると訴えた。そして、「もうこれ以上は、人間として耐えられない限界状況だと思うに至り」批判やバッシングから家族やスタッフを守るために、取り下げに同意したと佐野は書いた。これは佐野の偽らざる心情を書いたものだと思われる。しかし、騒動を収束させることが目的ならば、よりよい表現は別にあっただろう。

実際、ネットには佐野やその家族・親族の情報や、特定の国民とのつながりを断定するヘイト書き込みが少なからずあった。そうしたことは、事実であろうとなかろうと、この問題とは関係のないことだ。佐野にまつわる問題を暴いたネットの功績は、そうした心ない行為をする者によって打ち消されてしまった。類似作を検証したひとびとと、誹謗中傷やヘイト書き込みをするひとびとは、おなじではないと信じたい。これはネットのダークな面が目立ってしまった、とても残念な出来事だった。

ネットは匿名メディアではなく、当局がその気になれば発信者を割り出すことができる。見かけ上の匿名性を隠れ蓑にした誹謗中傷は、卑劣なだけでなくプライバシー侵害や名誉毀損に問われる危険がある。その認識が、そうした書き込みをするひとには乏しいのではないだろうか。

では、ベルギーでの裁判の行方はどうなったのだろうか？　九月二十二日にリエージュ劇場はＩＯＣとともに声明を出し、エンブレムが撤回されたので権利侵害はなくなったとして提訴を取り下げた。デザイナーのドビにしてみれば、劇場側にはしごを外された格好になった。ＩＯＣが盗用を認めるまで闘うと、ドビは単独で訴訟を継続した。しかし、ドビ側には訴訟利益がすでにないうえに、盗用を認めてもらう相手であるはずの佐野が被告ではないという、ちぐはぐな状態になってしまった。そのドビも、訴訟をつづけても費用倒れになることを理由に二〇一六年一月末に提訴を取り下げ、裁判は終わった。

問題の深層

その後の報道で、デザインについては素人のはずの組織委員会幹部が、審査後の修正を主導したこともわかってきた。こうした動きは、メディアの検証力が発揮された点として評価できよう。九月二十八日の朝日新聞（電子版）によると、当初案に対して幹部のひとりが、日の丸にみえる赤丸をTの足下に置くのはおかしいと難癖を付けた。そうして修正された第二案のことを、「躍動感がなくなった」と評したのも、審査委員会ではなく組織委員会の幹部だった。審査委員会代表だった永井は、そうした修正を後で知らされた。

さらに、同日の朝日新聞（電子版）は、組織委員会が八名の有力なデザイナーに対して、公募発表よりもまえに応募要請をし、最終候補に残った三名はすべてこの八名に含まれていたと伝えた。また、二〇一五年十二月十八日に組織委員会が公表した報告書によると、これら八名が一次審査を通過するように仕組んだ、不適切な投票があったこともわかった。

エンブレム関連事業にかけたお金の問題もあかるみにでた。二〇一六年一月二十日に報道各社が伝えたところによると、白紙撤回で無駄になった金額は一億九百万円だった。そのうち六千八百万円は、エンブレム発表イベントの費用だった。予算の半分以上をイベントに注ぎ込むのは異常であり、そこに利権構造のあることが強く疑われる。また、国際商標調査に五千万円かかると組織委員会は一貫して主張してきたが、実際には二千三百万円だったこともわかった。

あとからつぎつぎとあきらかになる事実、それによって選考事業全体の不透明さが深まっていった。とくに、密室で審査と修正がなされたことから、これはやはり「出来レース」だったのではとの疑念が強くなっていた。

しかし、こうした「出来レース」がたとえあったとしても、世間ではよくあることだといえなくもない。著名な作家が文学賞の選考委員に授賞を懇願したという話も聞く。学術賞の分野でも、あの賞は特定の審査委員の弟子筋ばかりがもらっているといった、半ば公然の「出来レース」もある。もっとも、それが国民的な行事である、五輪のエンブレムで許されるかという問題はある。しかし、過去に日本で開催された五輪のすべてで、透明性を持ってエンブレムが選ばれたわけではなさそうだし、かといってそれが社会問題になったこともない。

佐野の当初案が密室で修正されたことにも、非難が集まった。しかし、商標調査で似たものがみつかったから、修正を余儀なくされた事情は理解できる。発注主が注文を付けてデザインを修正させるのは、デザイン業界では珍しいことではない。次点のエンブレムを繰り上げ当選にするにしても、二千万円もの費用がかかる商標調査を再びするわけにはいかないというのも、その場の判断としてはありえる。

審査委員のなかでただひとり、当初案の修正に同意しなかったのは、デザイナーの平野敬子だった。平野は自身のブログで、「展開力」のキーワードは応募要項になかったこと、招待デザイナーがいたことを知らされていなかったこと、デザインのコンセプトとされるものが修正後の後付けであること、パラリンピックのエンブレムも修正されたことが秘匿されていることなどをあげ、プロセスに公正さが欠けていたと主張した。

では、なぜこの問題があれほどまでに批判を浴び、こじれてしまったのだろうか？ エンブレム問題の「前座」として、新国立競技場の建設の白紙化があった。政治家と官僚出身者が占める組織委員会の、相も変わらぬ「土建屋政治」ぶりに、国民は厳しい目を向けていた。そもそも論でいえば五輪招致プレゼンの場で、フクシマの汚染水はアンダー・コントロールと臆面もなくいってのけた安倍晋三首相に、少なからぬ国民が驚いただろう。

それでも、厳しい招致競争に勝利したのだから、嘘も方便と評価してよいだろう。国民が祝賀ムードに包まれたことも確かだ。だがそんなムードも、「おめでとう東京」や「日本代表、応援します！」といったことばを無断で使うなと、ＪＯＣが招致決定の直後にいい出したあたりから、変わりはじめていたのかもしれない。

五輪に向けて投じられる国費を、社会保障や教育、格差是正のために使えばどれほどの国民が助かるか。東北の復興もまだまだ途上だし、生活の場を奪われた福島の避難民のことはもういいのか。建設資材と労働力を東京に取られて、地方では各種工事のコストが上がっていた。五輪エンブレムがどうこうという以前に、東京五輪の開催そのものが東京ローカルのお祭りになっていて、全国津々浦々のひとびとからも歓迎されるものにはなっていなかった。

ネット権力とどう向き合うか

二〇世紀初頭のロシア構成主義の波を被ってからは、近代デザインは単純な幾何学図形の組み合わせで表現するスタイルを獲得した。たとえば、三つの丸でネズミの頭を表現するなどは、構成主義の典型だ。

また近代以後の特徴として、オリジナリティが過度に重視され、そのオリジナルなものを生み出す作家が、無から有を創り出す神の如くあがめられるようになった。五輪エンブレム問題は、これら「構成主義」「オリジナリティ」「作家性」から成る近代の「神話」に、現代のインターネットが持つ情報探索力と発信力が加わることで構造的に生じたものだ。

近代デザインのひとつの潮流であるシンプルなデザインを指向する限り、似たものはすでにどこかにあると思ったほうがよい。そしてネットの発展によって、似たものをみつけやすくなり、みつけたものを誰もが発信できるようになっている。どこか似ているというだけで駄目だというのなら、シンプルなデザインはもはやこの世に生息できなくなるだろう。

それではいったい、わたしたちはどのようなデザインを求めているのだろうか？　シンプルでない装飾的なデザインにしても、それは中世からの長い伝統があり、これまでまったく存在しなかったものなどないと思ったほうがよい。あるいは、既存のアートの流儀に属さない「アール・ブリュット」のような作風が待望されているのだろうか。極めて独創的なデザインならば類似作はないかもしれないが、それが万人向きとは思えない。

類似を指摘されることを恐れてしまえば、デザイナーはどこにでもあるような意匠か、無地のものに流れるか、あるいは萎縮して何も作らなくなってしまうだろう。似たもの探しでデザインの世界を閉塞させてしまっては、わたしたちの生活がつまらないものになってしまう。すでにどこかにあるものと似ているかもしれないが、それでも多少気の利いたデザインに囲まれていたほうがよいという考え方もあろう。

人間には、形状が似たものを概念的にまとめようとする傾向がある。これを認知科学では「形状類似バイアス」という。ひとは二歳児の段階で、すでに「形状類似バイアス」を持っているという。ただ形が似ているだけで、先行作品の同類とみてしまうのは、人間の認知の特質だともいえる。

しかし人間には、事物の質的な違いを感知し、区別する能力も備わっている。人類の文化が蓄積し、何となく似たものが必ずすでにあるような状況では、質的な違いを強調する方向に関心が向く。

和歌の世界では、十三世紀の「新古今集」の時代に、そうした状況が生まれていた。先行歌の記録が蓄積され、優れた表現はもう出尽くしたようなときに、古歌から表現を借りながら趣向を転換させる「本歌取り」の技法が完成した。

もっと時代が下って、江戸時代の向井去来は、俳諧の類似を盛んに論じた。彼は、先行句と表現も趣向も似ているものを「等類《とうるい》」といい、表現は似ていても趣向が異なるものを「同巣《どうそう》」と呼んだ。そして、「等類」は不可だが「同巣」はまったくかまわないとした。

趣向の違いとは、現代風にいえばアイデアやコンセプトの違いになろう。著作権法では、表現を守るがアイデアやコンセプトは守らないのが原則だ。去来が可とした「同巣」は、表現は類似していてもよいが、アイデアやコンセプトがおなじなのは駄目だという。近代に失われたこうしたみかたを、噛み締め直してみてもよいのではないか。

佐野は、リエージュ劇場のロゴと五輪エンブレムとでは、似た要素はあるが考え方、つまりはコンセプトがまるで違うと繰り返した。そんな説明を作者にさせるまえに、そこに込められた趣向の違いを嗅ぎわけることを、わたしたちはもっと楽しんでもよかったのではないか。

彼の明確な失敗は、トートバックのデザインでの部下の管理ミスと、五輪エンブレムの展開例に利用した写真で必要な許諾を取らなかったことにある。それらは職業上の失敗である限り、その責は職業の範囲で負うことに留めてよいものだ。佐野のミスは著作権法が定める刑事罰まで問われるような行為ではなかろう。たとえ民事上の責を問われるにしても、それは権利者が賠償や差止めを望む限りでのことで、第三者が口を挟むことではない。罰として社会的に妥当なのは、そのあたりまでだ。

佐野は自身のブランド価値を失墜させ、アートディレクターとしてこれからまたゼロから、いや大きなマイナスから再出発しなければならない。社会的制裁としては、じゅうぶんすぎる。無断でコピペをしてしまったくらいのことで「人間として耐えられない」というほどの罰を、匿名の大衆から与えられてしまうことが、あってよいとは思わない。

おそらく、誹謗中傷や個人情報をネットに書き込み、それを拡散するひとは、おなじことを書いているひとが大勢いるみたいだからかまわないのかなと、軽い気持ちでやっているのだろう。晩酌後のほろ酔い気分で書いたものや、あるいは年端もいかない子どもによるものもあるかもしれない。しかし、そうした行為に加担すれば、相応の罪に問われることもある。被害者が本気で怒れば、書き込み者を特定して訴えるのは、不可能なことではない。

ネットの調査力は、確かにすごい。STAP細胞研究のねつ造を暴いたことでも、集合知が持つすばらしさは立証されている。既存の大メディアもその影響力を無視できなくなっている。それがためか、五輪エンブレム問題の報道ぶりは、ネット言説の後追い反復が目立った。報道機関に必要な批判性が、ネットに対しても発揮されたとはいいがたい。

読者であり番組の視聴者でもあるネット民に対して、新聞社やテレビ局は批判的な態度を取りにくい事情もあるのだろう。しかし、はたしてネットに流れる大量の言説は、いったい何人によって創り出されているのだろうか？「2ちゃんねる」でのほとんどの炎上事件の実行犯は五人以内だという話もある。[43] そうした基本的な事実の検証力を持たないまま、プロの情報発信者であるはずの大メディアが、ネット言説のただの拡声器になってしまったことにも、大きな問題があったと考える。結果として、ネット世論を権力に変えたのは大メディアだった。もはや強大な権力と化したネット世論が、米国の西部開拓時代さながらに、彼らの「法」を苛烈に執行する現実を看過していてよいのだろうか。五輪エンブレム問題は、著作権の常識とネット世論のギャップをみせつけられ、考えさせられる事件だった。

(43) 川上量生「ネットが作った文化圏」川上量生編『ネットが生んだ文化　誰もが表現者の時代』角川書店、二〇一四年、二四頁。

あとがき

二〇一一年の秋口に『日本の著作権はなぜこんなに厳しいのか』（人文書院）を出版した。一九九〇年代に入ってから著作権法の規定が、利用者側に厳しくなる方向に、毎年のように書き換えられていった。前著は、そこに働いた力学を、さまざまなアクターの活動から解きあかそうとした本だった。

世の中に著作権本はたくさんあるが、それらのほとんどは法律が斯《か》く斯《か》く然々《しかじか》なので、これはいいがあれは違法だといった、現行法や判例の説明に終始している。前著では、なぜ法律がそうなったのかの視点から、法改正の現場での生の議論を書いた。そういう本は意外なほどなかったせいか、ありがたくも概ね高評をいただくことができた。とりわけ、一〇年一月に施行された「違法ダウンロード違法化」が決まったさいの、審議会でのやり取りを分析した章を評価してくれた読者が多かったように感じている。

前著からはや四年半が過ぎたというべきか、まだ四年半しか経っていないというべきか、日本の著作権をめぐるこの間の動きは本当に目まぐるしいものだった。たった四年と少しでまた一冊分の材料が出来てしまったことに、少し苦々しい思いもある。

とくに本書は、TPP大筋合意にともなう著作権法改正の急激な動きと、二〇一六年夏の参議院議員選挙に向けての「緊急出版」だと、わたしのなかでは位置付けている。所属機関で年相応の役回りを努めなければならず、研究の時間がいっそう削られていくなかで、意地で書いた部分もある。せめて誤謬のないように注意を払ったつもりではあるが、力不足の点があれば詫びるしかない。

本書では、日本の著作権法をもっと厳しくしていった主なアクターとして、権利者団体に加えて米国政府（とりわけ通商代表部）と日本の国会議員・官僚にフィーチャーした。「日本版フェアユース」を葬り、違法ダウンロードを刑事罰化し、ACTAで著作権法を厳しくし、TPPでさらに厳しくしようとしている原動力が、彼らであったことを読者は知っただろう。

委員会議事録や政府発表の分析手法は、前著とさして変わらない。今回とくに貴重な情報源になったのが、ウィキリークスなどから公表されたリーク文書だった。それがあったおかげで、ACTAやTPPのような秘密交渉の中身を知ることができ、ベールの向こうに隠されていた政府の動きを、条文案の経時的な変化からほんの少しだけ垣間みることができた。もちろん、そうした状況は望ましいことではない。国内の審議会では透明性の高い議論で合意が作られているのと比べて、あまりにも非民主的であり、外部からの検証が著しく困難だからだ。

本書は「緊急出版」だとはいっても、校了から読者に届けられるまでのあいだに、TPP対応の著作権法改正の国会審議は、概ね終わってしまっていることも予想される。その点は、紙媒体の書籍出版の限界だと認めつつも、現時点での問題意識が本の形になって、より確実に後世に伝えられることに意義を感じている。

また、附章に加えた五輪エンブレム問題は、二〇一五年夏から秋の「著作権業界」を揺るがす事件だったといえよう。作品の類似の基準や、類似作の作者への社会的ペナルティの重さの点で、百年を超える歴史のなかで積み重ねられてきた近代著作権法の基準と、現代のネット世論のそれとのあいだに大きなギャップが生まれたからだ。今回あらわになった激しいネット世論がたんなる「祭り」だったのか、それともひとびとの根本的な意識の変化によるものなのかは、いまは判断しきれないように思う。本書では事件を記録しつつ、これからの検証を待つことにする。

本書は大半が書き下ろしであるが、前著で触れたことの繰り返しや、新聞への寄稿、ブログ等ですでに公表した内容も一部含んでいる。いずれも文章を再検討し、ブラッシュアップし、より広い文脈に位置付け直したものであることに、読者のご理解を賜れば幸いである。文中で引用した議事録、条文、報告書類はほとんどすべてネット公開されている。検索すれば誰でも簡単にみつけられるものについては、引用元の長々しいURLを割愛した。また、韓国著作権局の調査には、平成二十五—二十七年度日本学術振興会科学研究費補助金・基盤研究A「海賊史観から交易を検討する：国際法と密貿易——海賊商品流通の学際的・文明史的研究」（代表者・稲賀繁美）

の支援を受けた。
これでわたしの単著は、三冊連続して人文書院の松岡隆浩さんにお世話いただいたことになる。画家の福田美蘭さんには、カバーのイラストを再び描いていただいた。また、「無名の一知財政策ウォッチャー」こと兎園さんのブログからは、いつも有益な情報を得ている。お三人とともに、伴侶の和江にも感謝を申し上げる。

山田　奨治

二〇一六年三月

附録1

著作権法（抜粋）

平成二十七年六月二十四日法律第四六号

（目的）

第一条　この法律は、著作物並びに実演、レコード、放送及び有線放送に関し著作者の権利及びこれに隣接する権利を定め、これらの文化的所産の公正な利用に留意しつつ、著作者等の権利の保護を図り、もつて文化の発展に寄与することを目的とする。

（私的使用のための複製）

第三十条　著作権の目的となつている著作物（以下この款において単に「著作物」という。）は、個人的に又は家庭内その他これに準ずる限られた範囲内において使用すること（以下「私的使用」という。）を目的とするときは、次に掲げる場合を除き、その使用する者が複製することができる。

一　公衆の使用に供することを目的として設置されている自動複製機器（複製の機能を有し、これに関する装置の全部又は主要な部分が自動化されている機器をいう。）を用いて複製する場合

二　技術的保護手段の回避（第二条第一項第二十号に規定する信号の除去若しくは改変（記録又は送信の方式の変換に伴う技術的な制約による除去又は改変を除く。）を行うこと又は同号に規定する特定の変換を必要とするよう変換された著作物、実演、レコード若しくは放送若しくは有線放送に係る音若しくは影像の復元（著作権等を有する者の意思に基づいて行われるものを除く。）を行うことにより、当該技術的保護手段によつて防止される行為を可能とし、又は当該技術的保護手段によつて抑止される行為の結果に障害を生じないようにすることをいう。第百二十条の二第一号及び第二号において同じ。）により可能となり、又はその結果に障害が生じないようになつた複製を、その事実を知りながら行う場合

三　著作権を侵害する自動公衆送信（国外で行われる自動公衆送信であつて、国内で行われたとしたならば著作権の侵害となるべきものを含む。）を受信して行うデジタル方式の録音又は録画を、その事実を知りながら行う場合

2　私的使用を目的として、デジタル方式の録音又は録画の機能を有する機器（放送の業務のための特別の性能その他の私的使用に通常供されない特別の性能を有するもの及び録音機能付きの電話機その他の本来の機能に附属する機能として録音又は録画の機能を有するものを除く。）であつて政令で定めるものにより、当該機器によるデジタル方式の録音又は録画の用に供される記録媒体であつて政令で定めるものに録音又は録画を行う者は、相当な額の補償金を著作権者に支払わなければならない。

（付随対象著作物の利用）

第三十条の二　写真の撮影、録音又は録画（以下この項において「写真の撮影等」という。）の方法によつて著作物を創作するに当たつて、当該著作物（以下この条において「写真等著作物」という。）に係る写真の撮影等の対象とする事物又は音から分離することが困難であるため付随して対象となる事物又は音に係る他の著作物（当該写真等著作物における軽微な構成部分となるものに限る。以下この条において「付随対象著作物」という。）は、当該創作に伴つて複製又は翻案することができる。ただし、当該付随対象著作物の種類及び用途並びに当該複製又は翻案の態様に照らし著作権者の利益を不当に害することとなる場合は、この限りでない。

2　前項の規定により複製又は翻案された付随対象著作物は、同項に規定する写真等著作物の利用に伴つて利用することができる。ただし、当該付随対象著作物の種類及び用途並びに当該利用の態様に照らし著作権者の利益を不当に害することとなる場合は、この限りでない。

（検討の過程における利用）

第三十条の三　著作権者の許諾を得て、又は第六十七条第一項、第六十八条第一項若しくは第六十九条の規定による裁定を受けて著作物を利用しようとする者は、これらの利用についての検討の過程（当該許諾を得、又は当該裁定を受ける過程を含む。）における利用に供することを目的とする場合には、その必要と認められる限度において、当該著作物を利用することができる。ただし、当該著作物の種類及び用途並びに当該利用の態様に照らし著作権者の利益を不当に害することとなる場合は、この限りでない。

（技術の開発又は実用化のための試験の用に供するための利用）

第三十条の四　公表された著作物は、著作物の録音、録画その他の利用に係る技術の開発又は実用化のための試験の用に供する場合には、その必要と認められる限度において、利用することができる。

（図書館等における複製等）

第三十一条　国立国会図書館及び図書、記録その他の資料を公衆の利用に供することを目的とする図書館その他の施設で政令で定めるもの（以下この項及び第三項において「図書館等」という。）においては、次に掲げる場合には、その営利を目的としない事業として、図書館等の図書、記録その他の資料（以下この条において「図書館資料」という。）を用いて著作物を複製することができる。

一　図書館等の利用者の求めに応じ、その調査研究の用に供するために、公表された著作物の一部分（発行後相当期間を経過した定期刊行物に掲載された個々の著作物にあつては、その全部。第三項において同じ。）の複製物を一人につき一部提供する場合

二　図書館資料の保存のため必要がある場合

三　他の図書館等の求めに応じ、絶版その他これに準ずる理由により一般に入手することが困難な図書館資料（以下この条において「絶版等資料」という。）の複製物を提供する場合

2　前項各号に掲げる場合のほか、国立国会図書館

においては、図書館資料の原本を公衆の利用に供することによるその滅失、損傷若しくは汚損を避けるために当該原本に代えて公衆の利用に供するため、又は絶版等資料に係る著作物を次項の規定により自動公衆送信（送信可能化を含む。同項において同じ。）に用いるため、電磁的記録（電子的方式、磁気的方式その他人の知覚によつては認識することができない方式で作られる記録であつて、電子計算機による情報処理の用に供されるものをいう。以下同じ。）を作成する場合には、必要と認められる限度において、当該図書館資料に係る著作物を記録媒体に記録することができる。

3　国立国会図書館は、絶版等資料に係る著作物について、図書館等において公衆に提示することを目的とする場合には、前項の規定により記録媒体に記録された当該著作物の複製物を用いて自動公衆送信を行うことができる。この場合において、当該図書館等においては、その営利を目的としない事業として、当該図書館等の利用者の求めに応じ、その調査研究の用に供するために、自動公衆送信される当該著作物の一部分の複製物を作成し、当該複製物を一人につき一部提供することができる。

（送信可能化された情報の送信元識別符号の検索等のための複製等）

第四十七条の六　公衆からの求めに応じ、送信可能化された情報に係る送信元識別符号（自動公衆送信の送信元を識別するための文字、番号、記号その他の符号をいう。以下この条において同じ。）を検索し、及びその結果を提供することを業として行う者（当該事業の一部を行う者を含み、送信可能化された情報の収集、整理及び提供を政令で定める基準に従つて行う者に限る。）は、当該検索及びその結果の提供を行うために必要と認められる限度において、送信可能化された著作物（当該著作物に係る自動公衆送信について受信者を識別するための情報の入力を求めることその他の受信を制限するための手段が講じられている場合にあつては、当該自動公衆送信の受信について当該手段を講じた者の承諾を得たものに限る。）について、記録媒体への記録又は翻案（これにより創作した二次的著作物の記録を含む。）を行い、及び公衆からの求めに応じ、当該求めに関する送信可能化された情報に係る送信元識別符号の提供と併せて、当該記録媒体に記録された当該著作物の複製物（当該著作物に係る当該二次的著作物の複製物を含む。以下この条において「検索結果提供用記録」という。）のうち当該送信元識別符号に係るものを用いて自動公衆送信（送信可能化を含む。）を行うことができる。ただし、当該検索結果提供用記録に係る著作物に係る送信可能化が著作権を侵害するものであること（国外で行われた送信可能化にあつては、国内で行われたとしたならば著作権の侵害となるべきものであること）を知つたときは、その後は、当該検索結果提供用記録を用いた自動公衆送信（送信可能化を含む。）を行つてはならない。

（情報解析のための複製等）

第四十七条の七　著作物は、電子計算機による情報解析（多数の著作物その他の大量の情報から、当該情報を構成する言語、音、影像その他の要素に係る情報を抽出し、比較、分類その他の統計的な解析を行うことをいう。以下この条において同じ。）を行うことを目的とする場合には、必要と認められる限度において、記録媒体への記録又は翻案（これにより創作した二次的著作物の記録を含む。）を行うことができる。ただし、情報解析を行う者の用に供するために作成されたデータベースの著作物については、この限りでない。

（電子計算機における著作物の利用に伴う複製）

第四十七条の八　電子計算機において、著作物を当該著作物の複製物を用いて利用する場合又は無線通信若しくは有線電気通信の送信がされる著作物を当該送信を受信して利用する場合（これらの利用又は当該複製物の使用が著作権を侵害しない場合に限る。）には、当該著作物は、これらの利用のための当該電子計算機による情報処理の過程において、当該情報処理を円滑かつ効率的に行うために必要と認められる限度で、当該電子計算機の記録媒体に記録することができる。

（情報通信技術を利用した情報提供の準備に必要な情報処理のための利用）

第四十七条の九　著作物は、情報通信の技術を利用する方法により情報を提供する場合であつて、当該提供を円滑かつ効率的に行うための準備に必要な電子計算機による情報処理を行うときは、その必要と認められる限度において、記録媒体への記録又は翻案（これにより創作した二次的著作物の記録を含む。）を行うことができる。

（保護期間の原則）

第五十一条　著作権の存続期間は、著作物の創作の時に始まる。

2　著作権は、この節に別段の定めがある場合を除き、著作者の死後（共同著作物にあつては、最終に死亡した著作者の死後。次条第一項において同じ。）五十年を経過するまでの間、存続する。

（無名又は変名の著作物の保護期間）

第五十二条　無名又は変名の著作物の著作権は、その著作物の公表後五十年を経過するまでの間、存続する。ただし、その存続期間の満了前にその著作者の死後五十年を経過していると認められる無名又は変名の著作物の著作権は、その著作者の死後五十年を経過したと認められる時において、消滅したものとする。

2　前項の規定は、次の各号のいずれかに該当するときは、適用しない。

一　変名の著作物における著作者の変名がその者のものとして周知のものであるとき。

二　前項の期間内に第七十五条第一項の実名の登録があつたとき。

三　著作者が前項の期間内にその実名又は周知の変名を著作者名として表示してその著作物を公表したとき。

（団体名義の著作物の保護期間）
第五十三条　法人その他の団体が著作の名義を有する著作物の著作権は、その著作物の公表後五十年（その著作物がその創作後五十年以内に公表されなかつたときは、その創作後五十年）を経過するまでの間、存続する。
2　前項の規定は、法人その他の団体が著作の名義を有する著作物の著作者である個人が同項の期間内にその実名又は周知の変名を著作者名として表示してその著作物を公表したときは、適用しない。
3　第十五条第二項の規定により法人その他の団体が著作者である著作物の著作権の存続期間に関しては、第一項の著作物に該当する著作物以外の著作物についても、当該団体が著作の名義を有するものとみなして同項の規定を適用する。
（映画の著作物の保護期間）
第五十四条　映画の著作物の著作権は、その著作物の公表後七十年（その著作物がその創作後七十年以内に公表されなかつたときは、その創作後七十年）を経過するまでの間、存続する。
2　映画の著作物の著作権がその存続期間の満了により消滅したときは、当該映画の著作物の利用に関するその原著作物の著作権は、当該映画の著作物の著作権とともに消滅したものとする。
3　前二条の規定は、映画の著作物の著作権については、適用しない。
（著作権者不明等の場合における著作物の利用）
第六十七条　公表された著作物又は相当期間にわたり公衆に提供され、若しくは提示されている事実が明らかである著作物は、著作権者の不明その他の理由により相当な努力を払つてもその著作権者と連絡することができない場合として政令で定める場合は、文化庁長官の裁定を受け、かつ、通常の使用料の額に相当するものとして文化庁長官が定める額の補償金を著作権者のために供託して、その裁定に係る利用方法により利用することができる。

（損害の額の推定等）

第百十四条　著作権者、出版権者又は著作隣接権者（以下この項において「著作権者等」という。）が故意又は過失により自己の著作権、出版権又は著作隣接権を侵害した者に対しその侵害により自己が受けた損害の賠償を請求する場合において、その者がその侵害の行為によつて作成された物を譲渡し、又はその侵害の行為を組成する公衆送信（自動公衆送信の場合にあつては、送信可能化を含む。）を行つたときは、その譲渡した物の数量又はその公衆送信が公衆によつて受信されることにより作成された著作物若しくは実演等の複製物（以下この項において「受信複製物」という。）の数量（以下この項において「譲渡等数量」という。）に、著作権者等がその侵害の行為がなければ販売することができた物（受信複製物を含む。）の単位数量当たりの利益の額を乗じて得た額を、著作権者等の当該物に係る販売その他の行為を行う能力に応じた額を超えない限度において、著作権者等が受けた損害の額とすることができる。ただし、譲渡等数量の全部又は一部に相当する数量を著作権者等が販売することができないとする事情があるときは、当該事情に相当する数量に応じた額を控除するものとする。

（罰則）

第百十九条　著作権、出版権又は著作隣接権を侵害した者（第三十条第一項（第百二条第一項において準用する場合を含む。第三項において同じ。）に定める私的使用の目的をもつて自ら著作物若しくは実演等の複製を行つた者、第百十三条第三項の規定により著作権若しくは著作隣接権（同条第四項の規定により著作隣接権とみなされる権利を含む。第百二十条の二第三号において同じ。）を侵害する行為とみなされる行為を行つた者、第百十三条第五項の規定により著作権若しくは著作隣接権を侵害する行為とみなされる行為を行つた者又は次項第三号若しくは第四号に掲げる者を除く。）は、十年以下の懲役若しくは千万円以下の罰金に処し、又はこれを併科する。

2　次の各号のいずれかに該当する者は、五年以下の懲役若しくは五百万円以下の罰金に処し、又はこれを併科する。

一　著作者人格権又は実演家人格権を侵害した者（第百十三条第三項の規定により著作者人格権又は実演家人格権を侵害する行為とみなされる行為を行つた者を除く。）

二　営利を目的として、第三十条第一項第一号に規定する自動複製機器を著作権、出版権又は著作隣接権の侵害となる著作物又は実演等の複製に使用させた者

三　第百十三条第一項の規定により著作権、出版権又は著作隣接権を侵害する行為とみなされる行為を行つた者

四　第百十三条第二項の規定により著作権を侵害する行為とみなされる行為を行つた者

3　第三十条第一項に定める私的使用の目的をもつて、有償著作物等（録音され、又は録画された著作物又は実演等（著作権又は著作隣接権の目的となつているものに限る。）であつて、有償で公衆に提供され、又は提示されているもの（その提供又は提示が著作権又は著作隣接権を侵害しないものに限る。）をいう。）の著作権又は著作隣接権を侵害する自動公衆送信（国外で行われる自動公衆送信であつて、国内で行われたとしたならば著作権又は著作隣接権の侵害となるべきものを含む。）を受信して行うデジタル方式の録音又は録画を、自らその事実を知りながら行つて著作権又は著作隣接権を侵害した者は、二年以下の懲役若しくは二百万円以下の罰金に処し、又はこれを併科する。

第百二十三条　第百十九条、第百二十条の二第三号及び第四号、第百二十一条の二並びに前条第一項の罪は、告訴がなければ公訴を提起することができない。

第百二十四条　法人の代表者（法人格を有しない社団又は財団の管理人を含む。）又は法人若しくは人の代理人、使用人その他の従業者が、その法人又は人の業務に関し、次の各号に掲げる規定の違反行為をしたときは、行為者を罰するほか、その法人に対して当該各号に定める罰金刑を、その人

に対して各本条の罰金刑を科する。

一　第百十九条第一項若しくは第二項第三号若しくは第四号又は第百二十二条の二第一項　三億円以下の罰金刑

二　第百十九条第二項第一号若しくは第二号又は第百二十条から第百二十二条まで　各本条の罰金刑

附録2　「年次改革要望書」（一九九四—二〇〇八）、「日米経済調和対話」（二〇一一）著作権関連主要部分抜粋

保護期間延長

	米国政府からの要望書	両国間の報告書（翌年刊行）
二〇〇二	一般的な著作物については著作者の死後七十年、また生存期間に関係のない保護期間に関しては著作物の公表後九十五年という、現在の世界的な傾向との整合性を保つよう、日本の著作権保護期間の延長を行う。	日本政府は、映画の著作物の保護期間を最初の公表後五十年から七十年に延長するため、二〇〇三年五月十三日に著作権法の一部を改正する法律案を国会に提出した。日本政府は、著作権法で保護されるその他の事項の保護期間延長について、国際的な動向を含む様々な要因を考慮しつつ、検討を継続する。
二〇〇三	一般的な著作物については著作者の死後七十年、また生存期間に関係のない保護期間に関しては著作物発表後九十五年という、現在の世界的な傾向との整合性を保つよう、日本の著作権法の下、音声録音およびその他の作品の著作権保護期間を延長する。	二〇〇三年六月十八日、映画の著作物の保護期間を最初の公表後五十年間から七十年間に延長する著作権法改正案が、国会で可決された。日本国政府は、著作権法で保護されるその他の著作物の保護期間延長について、国際的な動向や権利者・利用者間の利益の均衡を含む様々な関連要因を考慮しつつ、検討を継続する。
二〇〇四	一般的な著作物については著作者の死後七十年、また生存期間に関係のない保護期間に関しては著作物発表後九十五年という、現在の世界的傾向と整合性を保つよう、音声録音および著作権	日本国政府は、著作権保護期間延長について、国際的な動向や権利者・利用者間の利益の均衡を含む様々な関連要因を考慮しつつ検討を続け、二〇〇七年度までに著作権保護期間の在り方について結論を

	法で保護されるその他の著作物の保護期間を延長する。	得る。米国政府は、音声録音を含むすべての著作物について保護期間を延長することが世界的な傾向であると認識しており、日本国政府は、この点についての米国政府の懸念を認識する。
二〇〇五	一般的な著作物については著作者の死後七十年、また保護期間が生存期間と関係のない著作物に関しては発表後九十五年という現在の世界的傾向と整合性を保つよう、音声録音および著作権法で保護されるその他すべての著作物の保護期間を延長する。	日本国政府は、著作権保護期間延長について、国際的な動向や権利者・利用者間の利益の均衡等の関連要因を考慮しつつ検討を続け、二〇〇七年度末までに著作権保護期間の在り方について結論を得る。日本国政府は、レコードを含むすべての著作物についての保護期間が延長されるべきとの米国政府の懸念を認識しており、米国政府は、そのことを世界的な傾向であると認識している。
二〇〇六	一般的な著作物については著作者の死後七十年、また保護期間が生存期間と関係のない著作物に関しては発表後九十五年という現在の世界的傾向と整合性を保つよう、音声録音および著作権法で保護されるその他すべての著作物の保護期間を延長する。	日本国政府は、著作権保護期間延長について、国際的な動向や権利者・利用者間の利益の均衡等の関連要因を考慮しつつ検討を継続し、知的財産推進計画二〇〇六に記載されているとおり、二〇〇七年度末までに著作権保護期間の在り方について一定の結論を得る。日本国政府は、レコードの保護期間の延長について、他のすべての著作物と同等とすべきとの米国政府の懸念を認識する。
二〇〇七	一般的な著作物については著作者の死後七十年、また保護期間が生存期間と関係のない著作物に	日本国政府は、知的財産推進計画二〇〇八に従って、著作権保護期間延長について、国際的な動向や権利

	関しては発表後九十五年という現在の世界的傾向と整合性を保つよう、音声録音および著作権法で保護されるその他すべての著作物の保護期間を延長する。	者・利用者間の利益の均衡等の関連要因を考慮しつつ時宜を得た方法で検討を継続し、その審議プロセスに関する最新情報を米国に提供する。日本国政府は、レコードの保護期間の延長について、他のすべての著作物と同等とすべきとの米国政府の懸念を認識する。
二〇〇八	レコード製作者や実演家に対するものを含む日本の著作権保護期間について、ＯＥＣＤ加盟国や主要貿易相手国を含む世界の傾向と整合性を持たせる。	日本国政府は、文化審議会において、著作権保護期間延長について、国際的な動向や権利者・利用者間の利益の均衡等の関連要因を考慮しつつ時宜を得た方法で検討を継続し、その審議の経過に関する最新情報を米国に提供する。日本国政府は、全ての著作物に対して、現在日本において映画作品が享受している期間と同様の保護期間を付与するという米国政府の要望に留意する。
二〇一一	ＯＥＣＤ諸国や主要貿易相手国での傾向を含む、新たな世界的傾向と整合性を保つよう、オーディオビジュアル作品に加えてすべての著作物に関わる著作権保護期間を延長し、著作権保有者の保護を強化する。	日本国政府は、（文化審議会著作権分科会における）以前の著作権及び著作隣接権の保護期間に関する検討は最終結論には至らなかったこと、しかしながら、最近の保護期間延長に係る国際潮流、米国及び他の貿易相手国との意見交換、並びにこの問題に関する国内での議論を考慮した上で、必要に応じて検討を継続すること、についての説明を行った。

	米国政府からの要望書	両国間の報告書（翌年刊行）
二〇〇六	起訴する際に必要な権利保有者の同意要件を廃止し、警察や検察側が主導して著作権侵害事件を捜査・起訴することが可能となるよう、より広範な権限を警察や検察に付与する。	日本国政府は、著作権侵害罪について、公訴する際の被害者（権利者）の告訴要件が著作権侵害罪を訴追する際の実質的な障害となり得るかなどを含め、捜査・起訴のための適切な制度の在り方について検討を継続し、二〇〇七年度末までに一定の結論を得る。
二〇〇七	起訴する際に必要な権利者の同意要件を廃止し、警察や検察側が主導して著作権侵害事件を捜査・起訴することが可能となるよう、より広範な権限を警察や検察に付与する。	日本国政府は、著作権法における著作権侵害罪を公訴する際の被害者（権利者）の告訴要件を見直すべきか否かについて検討を行った。二〇〇七年度の審議の結果、文化審議会は、見極めを行う前に、社会的な影響等の様々な要因を慎重に検討する必要があることを確認した。また、文化審議会は、被害者（権利者）の告訴要件が捜査の大きな障害になっているという認識はないことを確認した。日本国政府は、職権の付与が著作権侵害罪の効果的な捜査・起訴を促進するための重要な手段であるとの米国政府の見解に留意する。
二〇〇八	起訴する際に必要な権利保有者の同意要件を廃止し、警察や検察側が主導して著作権侵害事件を捜査・起訴することを可能にする、より広範	日本国政府は、著作権法における著作権侵害罪を公訴する際の被害者（権利者）の告訴要件を見直すべきか否かについて検討を行った。文化審議会の議論

	な権限を警察や検察に付与することを引き続き検討する。	をとりまとめた二〇〇九年一月の報告書においては、著作権等の侵害罪について、非親告罪化することは慎重な検討を要し、また、著作権侵害罪を公訴する際の被害者（権利者）の告訴要件が捜査の大きな障害になっているという認識はないことを再確認した。日本国政府は、職権の付与が著作権侵害罪の効果的な捜査・起訴を促進するための重要な手段であるとの米国政府の見解に留意する。
二〇一一	権利者からの申し立てを必要としない、警察や税関職員および検察の主導による知的財産権の侵害事件の捜査・起訴を可能にする職権上の権限を警察や税関職員および検察に付与し、権利者への実効的な救済手段として著作権や商標権侵害に対して予め決められた法定損害賠償の制度を採用することで、知的財産権の侵害に対するエンフォースメントを強化する。	記載なし

法定損害賠償制度

	米国政府からの要望書	両国間の報告書（翌年刊行）
二〇〇〇	著作権法を改正し、損害額の定型的類推制度を導入する。	記載なし

二〇〇一	記載なし	記載なし
二〇〇二	侵害行為に対する抑止力となり、侵害により被った損失に対し権利保有者が公平に補償されることを確保し、また実際の損害額を計算するという、費用がかかり、かつ困難な負担から司法関係者を開放するような法定損害賠償制度を採択し、知的財産の侵害に対する執行制度を強化する。	日本政府は、著作権侵害事案における、権利者の侵害の証明及び損害額の証明のための立証責任を緩和するため、二〇〇三年五月十三日に著作権法の一部を改正する法律案を国会に提出した。日本政府は侵害行為に対する法定損害賠償制度の導入の可能性についての検討を継続する。
二〇〇三	侵害行為に対する抑止力となり、侵害により被った損失に対し権利保有者が公平に補償されることを確保し、また実際の損害・利益を立証・計算するという、費用がかかり、かつ困難な負担を除くことで、司法の効率を向上させる法定損害賠償制度を採択し、知的財産の侵害に対する執行制度を強化する。	前述の改正著作権法はまた、著作権事案における権利者の侵害立証責任を緩和している。日本国政府は、侵害行為に対する法定損害賠償制度を含め、権利者の立証責任を緩和するさらなる措置の検討を継続する。
二〇〇四	侵害行為に対する抑止力となり、侵害により被った損失に対し権利者が公平に補償されることを確保し、また、実際の損害・利益を算出・立証するという困難かつ費用のかかる負担を解消することで司法の効率を向上させる法定損害賠償制度を採用し、知的財産の侵害に対する執行制度を強化する。	日本国政府は、権利者の侵害立証責任を軽減するため、侵害行為に対する法定損害賠償制度を含め、更なる措置の検討を継続し、二〇〇七年度までに結論を得る。

二〇〇五	侵害行為に対する抑止力となり、侵害により被った損失に対し権利者が公平に補償されることを確保し、また、実際の損害・利益を算出・立証するという困難かつ費用のかかる負担を解消することで司法の効率を向上させる法定損害賠償制度を採用し、知的財産の侵害に対する執行制度を強化する。	日本国政府は、著作権の保護を強化し権利者の損害立証責任を軽減するため、侵害行為に対して法定損害賠償制度を利用することを含め、更なる措置の検討を継続し、二〇〇七年度末までに結論を得る。
二〇〇六	侵害行為に対する抑止力となり、侵害により被った損失に対し権利者が公平に補償されることを確保し、また、実際の損害・利益を算出・立証するという困難かつ費用のかかる負担を解消することで司法の効率を向上させる法定損害賠償制度を導入する。	日本国政府は、著作権の保護を強化し権利者の損害立証責任を軽減するため、侵害行為に対して法定損害賠償制度を利用することを含め、更なる措置の検討を継続し、知的財産推進計画二〇〇六に記載されているとおり、二〇〇七年度末までに結論を得る。
二〇〇七	侵害行為に対する抑止力となり、侵害により被った損失に対し権利者が公平に補償されることを確保し、また、実際の損害・利益を算出・立証するという困難かつ費用のかかる負担を解消することで、司法の効率を向上させる法定損害賠償制度を導入する。	日本国政府は、知的財産推進計画二〇〇八に従って、著作権の保護を強化し権利者の損害立証責任を軽減するため、侵害行為に対する法定損害賠償制度の利用可能性を含め、時宜を得た方法で更なる措置の検討を継続し、その審議プロセスに関する最新情報を米国に提供する。
二〇〇八	あらかじめ規定された法的損害賠償の制度を採用することで、侵害に対して抑止的効果を有する救済措置の利用が可能であることを確保する。	日本国政府は、文化審議会において、権利者の損害額の立証負担を軽減するため、侵害行為に対する法定損害賠償制度の創設の必要性の有無について検討

		を行った。二〇〇九年一月に取りまとめられた文化審議会の報告書においては、現行法（第114条の5等）によって損害賠償額を証明することは特段困難ではないこととまた、法定損害賠償制度が民法や知的財産法などの法規定と一致し得るかどうかについて検討を行うことが必要とされた。日本国政府は、法定損害賠償制度の採用が、権利者への補償及び侵害の抑止のための重要な手段であるという米国政府の見解に留意する。
二〇一一	権利者からの申し立てを必要としない、警察や税関職員および検察の主導による知的財産権の侵害事件の捜査・起訴を可能にする職権上の権限を警察や税関職員および検察に付与し、権利者への実効的な救済手段として著作権や商標権侵害に対して予め決められた法定損害賠償の制度を採用することで、知的財産権の侵害に対するエンフォースメントを強化する。	記載なし

映画の海賊版

	米国政府からの要望書	両国間の報告書（翌年刊行）
二〇〇六	海賊版ＤＶＤ製造に利用される盗撮版の主要な	著作権法の罰則の適用により、私的使用目的の場合

	供給源を断ち切るために、映画館内における撮影機器の使用を取り締まる効果的な盗撮禁止法を制定する。	についても、映画館における音声・影像の録音・録画行為の処罰を可能にすることを定める法律案が二〇〇七年五月二十三日に国会で可決された。

私的使用に関する例外

	米国政府からの要望書	両国間の報告書（翌年刊行）
二〇〇〇	デジタル環境下では、私的複製の除外規定が適用されないことを明確にするため、著作権法を改正する。現状は、ベルヌ条約9条2項、知的所有権の貿易関連の側面に関する協定（TRIPS）13条、およびWIPO著作権条約10条にある複製許可範囲の限界および除外規定と整合していない。	記載なし
二〇〇一	記載なし	記載なし
二〇〇二	記載なし	記載なし
二〇〇三	記載なし	記載なし
二〇〇四	私的利用の例外範囲を明確にし、ピア・ツー・ピアのファイル共有といった家庭内利用の範囲を超える行為を示唆する行為が、権利者の許諾なしには認められないことを明らかにする。	日本国政府は、著作権に関する世界知的所有権機関条約（WCT）及び実演及びレコードに関する世界知的所有権機関条約（WPPT）の規定に従って、ピア・ツー・ピアネットワーク上でアップロードさ

	二〇〇五	二〇〇六
	私的利用の例外範囲を限定し、ピア・ツー・ピアのファイル共有といった家庭内利用の範囲を超える行為を示唆する行為が、権利者の許諾なしには認められないことを明らかにする。	私的利用の例外範囲を限定し、ピア・ツー・ピアのファイル共有といった家庭内利用の範囲を超えることを示唆する行為が、権利者の許諾なしには認められないことを明らかにする。
れる著作物及びレコードの著作権及び著作隣接権侵害への対応として、利用可能化権を設けていることを確認した。さらに、日本国政府は、関連する条約上の規定を踏まえて、私的利用の例外範囲を明確にするため引き続き努力する。	日本国政府は、ピア・ツー・ピアネットワーク上でアップロードされる著作物及びレコードの著作権及び著作隣接権侵害への対応として、利用可能化権を設けていることを確認した。日本国政府は、この措置が著作権に関する世界知的所有権機関条約（WCT）及び実演、レコードに関する世界知的所有権機関条約（WPPT）の規定に沿ったものであることを確認した。さらに、日本国政府は、関連する条約上の規定及び技術的な発展を踏まえて、私的利用の例外範囲を明確にするよう引き続き努力する。	日本国政府は、ピア・ツー・ピアネットワーク上でアップロードされる著作物及びレコードの著作権及び著作隣接権侵害への対応として、利用可能化権が存在することを確認した。また、日本国政府は、この措置が著作権に関する世界知的所有権機関条約（WCT）及び実演及びレコードに関する世界知的所有権機関条約（WPPT）の規定に則ったものであることを確認した。さらに、日本国政府は、関連

		する条約上の規定及び技術的な発展を踏まえて、私的使用の例外範囲の解釈を明確にするよう引き続き努力する。
二〇〇七	私的複製の例外範囲を合法な源からの複製に限定し、その範囲を（ピア・ツー・ピア・サービスを介した複製物のダウンロードなど）家庭内利用の範囲を超えることを示唆する行為にまで広げない、などの措置を取ることによって、権利者が不利益を被らず、また競争法や営業秘密の保護に配慮がなされるように、デジタル・コンテンツ関連規則や規制の透明性を確保する。	日本国政府は、国際条約との整合性を保ちつつ、私的使用の例外を引き続き適用する。
二〇〇八	日本の著作権法における私的使用の例外が、違法な情報源からのコンテンツのダウンロードには適用されないことを明確にする。	日本国政府は、私的使用目的の複製に関する著作権の例外規定が、違法に配信される音楽又は映像のダウンロードを、違法配信と知りながら行う場合には適用されないことを明確にする著作権法改正法案を国会に提出した。国会は、二〇〇九年六月十二日に同法案を可決した。日本国政府は、音楽・映像以外の著作物取扱いについては、本年の文化審議会の検討課題としているところであり、時宜を得た方法で関係者と引き続き検討していく。
二〇一一	すべての著作物を対象に、日本の著作権法の私的使用に関する例外規定が違法な情報源からの	二〇一一年七月、文化審議会著作権分科会法制問題小委員会が開催され、著作権法第30条の私的使用目

ダウンロードには適用されないことを明確にする。また、日本政府および審議会等が著作権保護に対する制限や例外に関わる提言を検討する際には、完全な透明性と、利害関係者が意見を提供する有意義な機会を確保する。

的の複製の権利制限に関する権利者及び他の関係者からのヒアリングが行われた。また、著作権法第30条1項3号に規定されている私的使用目的の複製の権利制限から除外される対象範囲に、録音及び録画以外の他の著作物のカテゴリーも含むべきかなどの、上記ヒアリングで取り上げられた問題の検討を継続する。文化庁は、権利者及び他の関係者からのインプットを得るための有意義な機会の提供を継続する。文化庁はさらに、著作権法改正の包括的な取組の下、文化審議会において検討されている著作権保護に対する三つの権利制限・例外について説明を行った。同庁は、検討の進捗状況に合わせ、説明を行う。

附録3

TPP著作権関連主要部分（抜粋）

第十八・六十三条　著作権及び関連する権利の保護期間

各締約国は、著作物、実演又はレコードの保護期間を計算する場合について、次のことを定める（注）。

(a)　自然人の生存期間に基づいて計算される場合には、保護期間は、著作者の生存期間及び著作者の死の後少なくとも七十年とすること（注）。

(b)　自然人の生存期間に基づいて計算されない場合には、保護期間は、次のいずれかの期間とすること。

(i)　当該著作物、実演又はレコードの権利者の許諾を得た最初の公表（注）の年の終わりから少なくとも七十年

(ii)　当該著作物、実演又はレコードの創作から二十五年以内に権利者の許諾を得た公表が行われない場合には、当該著作物、実演又はレコードの創作の年の終わりから少なくとも七十年（注）

［注はいずれも省略］

第十八・七十四条　民事上及び行政上の手続及び救済措置

6　各締約国は、民事上の司法手続において、著作物、レコード又は実演を保護する著作権又は関連する権利の侵害に関し、次のいずれか又は双方の損害賠償について定める制度を採用し、又は維持する。

(a)　権利者の選択に基づいて受けることができる法定の損害賠償

(b)　追加的な損害賠償（注）

注　追加的な損害賠償には、懲罰的損害賠償を含めることができる。

8　6及び7の規定に基づく法定の損害賠償は、侵害によって引き起こされた損害について権利者を補償するために十分な額に定め、及び将来の侵害を抑止することを目的として定める。

9　司法当局は、6及び7の規定に基づく追加的な損害賠償の裁定を下すに当たり、全ての関連する事項（侵害行為の性質及び将来における同様の侵害の抑止の必要性を含む。）を考慮して適当と認める追加的な損害賠償の裁定を下す権限を有する。

第十八・七十七条　刑事上の手続及び刑罰

1　各締約国は、刑事上の手続及び刑罰であって、少なくとも故意により商業的規模で行われる商標の不正使用及び著作権又は関連する権利を侵害する複製について適用されるものを定める。故意による著作権又は関連する権利を侵害する複製について、「商業的規模で行われる」行為には、少なくとも次の行為を含む。

(a)　商業上の利益又は金銭上の利得のために行われる行為

(b)　商業上の利益又は金銭上の利得のために行われるものでない重大な行為であって、市場との関係において当該著作権又は関連する権利の権利者の利益に実質的かつ有害な影響を及ぼすもの（注1、注2）

注2　締約国は、侵害行為が市場との関連において著作権又は関連する権利の権利者の利益に実質的かつ有害な影響を及ぼすかどうかを認定するに当たり、当該著作権又は関連する権利を侵害する物品の量及び価額を考慮することができることを定めることができる。

6　各締約国は、1から5までに規定する犯罪に関し、次の事項について定める。

(g)　当該締約国の権限のある当局が、第三者又は権利者による告訴を必要とすることなく法的措置を開始するために職権により行動することができること（注）。

注　締約国は、1に規定する著作権又は関連する権利を侵害する複製について、この(g)の規定の適用を市場における著作物、実演又はレコードの利用のための権利者の能力に影響を与える場合に限定することができる。

ま　行

や　行

主要人名索引

著者略歴
山田奨治（やまだ　しょうじ）
1963年生。現在，国際日本文化研究センター教授，総合研究大学院大学教授。京都大学博士（工学）。専門は情報学，文化交流史。筑波大学大学院修士課程医科学研究科修了後，（株）日本アイ・ビー・エム，筑波技術短期大学助手などを経て現職。ケンブリッジ大学ウォルフソン・カレッジ，フランス国立社会科学高等研究院，ハーバード大学ライシャワー研究所で客員研究員等を歴任。主な著作に，『東京ブギウギと鈴木大拙』（人文書院，第31回ヨゼフ・ロゲンドルフ賞受賞），『日本の著作権はなぜこんなに厳しいのか』（人文書院），『〈海賊版〉の思想　18世紀英国の永久コピーライト闘争』（みすず書房），『禅という名の日本丸』（弘文堂），『情報のみかた』（弘文堂），『日本文化の模倣と創造　オリジナリティとは何か』（角川書店）など。

ISBN 978-4-409-24108-0 C1036

日本の著作権はなぜもっと厳しくなるのか

二〇一六年四月一〇日　初版第一刷印刷
二〇一六年四月二〇日　初版第一刷発行

著　者　山田奨治
発行者　渡辺博史
発行所　人文書院
〒六一二-八四四七
京都市伏見区竹田西内畑町九
電話〇七五・六〇三・一三四四
振替〇一〇〇〇-八-一一〇三

印刷所　創栄図書印刷株式会社
製本所　坂井製本所
装　画　福田美蘭
装　丁　間村俊一

落丁・乱丁本は小社送料負担にてお取替いたします

山田奨治著

日本の著作権はなぜこんなに厳しいのか

二四〇〇円

朝日新聞、読売新聞をはじめ
多数の新聞・雑誌で紹介された話題作

懲役10年！　罰金3億円！　いつの間にか、とんでもないことになっていた‼　急速に厳罰化する日本の著作権法、その変容の経緯と関わる人びとの思惑を丁寧に追い、現状に介入する痛快作。すべての日本人必読。

山田奨治著

東京ブギウギと鈴木大拙

二三〇〇円

たいへん面白く、一気に読んでしまいました。鈴木大拙という武士的風貌の思想家の弱く、やわらかい部分に触れていて、大拙への親近感が一層深まりました。（内田樹）

親子はなぜすれ違ってしまったのか……。知の巨人・大拙の息子にして「東京ブギウギ」の作詞者、鈴木アラン勝。その知られざる波瀾の人生を丹念に取材し、父としての大拙を初めて描き出す傑作ノンフィクション。朝日新聞「著者に会いたい」、共同通信書評（岡崎武志）掲載。第31回ヨゼフ・ロゲンドルフ賞受賞。